Pagëzimorja e Butrintit dhe Mozaikët e saj
The Butrint Baptistery and its Mosaics

© Butrint Foundation, London/Tirana 2008

All rights reserved. No part of this publication may be reproduced, stored in a retrieval system or transmitted in any form, by any means, without the prior permission in writing of the copyright owner. Enquiries concerning reproduction should be sent to The Butrint Foundation, 29 St. James's Place, London SW1A 1NR, Great Britain

Page 1
Dyshemeja me mozaikë dhe shatërvani i Pagëzimores
Mosaic pavement and fountain of the Baptistery

Page 3
Medaljon me lepur që ha rrush (vizatim i I. Epicoco; arkivi i familjes Taddei)
Medallion with rabbit eating grapes (painting by I. Epicoco; Taddei family archive)

Series editor: Inge Lyse Hansen
Design: Silvia Stucky
Printed by: Società Tipografica Romana, Rome

ISBN: 978-0-9535556-5-9

Pagëzimorja e Butrintit dhe Mozaikët e saj
The Butrint Baptistery and its Mosaics

John Mitchell

BUTRINT FOUNDATION
2008

Falenderime

Fondacioni Butrinti falenderon Packard Humanities Institute, për mbështetjen e tij të palodhur në kërkimet dhe gërmimet arkeologjike në Butrint. Realizimi i këtij botimi u bë i mundur falë punës së Inge Lyse Hansen. Kontributet kryesore janë realizuar nga Inge Lyse Hansen, William Bowden, Andrew Crowson, Oliver Gilkes, Richard Hodges, Sarah Leppard dhe Elda Omari. Teksti u përkthye nga anglishtja nga Julian Bogdani. Fotografitë dhe planimetritë janë realizuar nga Brian Donovan, Alket Islami, Martin Smith, Studio InkLink, Massimo Zanfini dhe stafi i Fondacionit Butrinti. Falënderojmë Institutin e Arkeologjisë (Tiranë), Museun e Qytetërimit Romak (Museo della Civiltà Romana), Romë dhe familjen Taddei (Romë) për lejet për botim të disa fotografive dhe planimetrive. Përveç rasteve të specifikuara në tekst të gjitha imazhet janë pronë e Fondacionit Butrinti.

Acknowledgements

The Butrint Foundation would like to thank its principal collaborator, the Packard Humanities Institute, for its unstinting support with the archaeological excavations and research at Butrint. The book was prepared for publication by Inge Lyse Hansen, with the assistance of William Bowden, Andrew Crowson, Oliver Gilkes, Richard Hodges, Sarah Leppard and Elda Omari. The English text has been translated in to Albanian by Julian Bogdani. The photographs and maps are by Brian Donovan, Alket Islami, Martin Smith, Studio InkLink, Massimo Zanfini and the Butrint Foundation team. We are grateful for the permission to reproduce images granted by the Instituti i Arkeologjisë (Tirana), the Museo della Civiltà Romana (Rome), and the Taddei family (Rome). Unless otherwise stated all illustrations are copyright of the Butrint Foundation.

Permbajtja
Contents

Butrinti në periudhën e krishterimit të hershëm   6
Early Christian Butrint   7

Zbulimi   14
The discovery   15

Pagëzimorja   18
The Baptistery   19

Dyshemeja me mozaikë   28
The mosaic pavement   29

    Tematika e ujit dhe e shpëtimit
    Themes of water and salvation

    Një krijim i ri dhe parajsa tokësore
    A new creation and an earthly Paradise

Ambienti trapezoidal dhe mozaikët e dyshemesë së tij   50
The trapezoidal hall and its mosaic floor   51

Përkufizimi i hapësirës rituale   60
The definition of ritual space   61

Mozaiku në imtësi   74
The mosaic in detail   75

Mozaikët në Butrint gjatë antikitetit të vonë   84
Mosaics at Butrint in Late Antiquity   85

Fjalorth   94
Glossary   94

Bibliografi e përzgjedhur   95
Select Bibliography   95

Butrinti në periudhën e krishterimit të hershëm

Pagëzimorja ishte një nga ndërtesat më të rëndësishme të qytetit të Butrintit gjatë periudhës së parë të krishterimit. Ishte një strukturë e vetmuar, 100 m larg Bazilikës së madhe, kisha më e afërt. Ishte një nga më të mëdha të botës romake të kohës së vet, dhe krahasohej në arkitekturë me ekzemplarët më të famshëm të Italisë: pagëzimorja e madhe e rrumbullakët në Nocera Inferiore, në jug të Napolit, pagëzimoret ortodokse dhe Ariane të Ravenës, pagëzimorja tetëkëndore e katedrales së Milanos dhe pagëzimorja papale e Lateranos në Romë e ndërtuar nga Konstadini i Madh dhe Papa Sextus III.

Përveç kësaj pagëzimoreje, brenda qytetit të Butrintit janë identifikuar edhe katër kisha të tjera të shekujve V e VI. Disa të tjera janë gërmuar në rrethinat e qytetit të lashtë, më të njohurat në Diaport dhe në fushën e Vrinës. Kisha kryesore e periudhës së krishterimit të hershëm brenda mureve të qytetit është Bazilika e Madhe, e ndërtuar në qytetin e poshtëm, në të njëjtën kohë me dhe kishën peshkopale

Vendndodhja e Butrintit

Location of Butrint

Early Christian Butrint

The Baptistery was one of the most prominent buildings of late antique Butrint, an imposing solitary structure, lying 100 m distant from the nearest large church, the Great Basilica. In its heyday this was one of the grandest baptisteries of the late Roman world, vying in its architecture and ornamentation with the most magnificent examples in Italy: the great round baptistery at Nocera Inferiore just south of Naples, the Orthodox and Arian baptisteries at Ravenna, the octagonal baptistery of the cathedral of Milan, and the papal Lateran baptistery of Constantine and Pope Sixtus III in Rome.

Apart from the Baptistery, four churches of the later 5th and 6th centuries have been identified within Butrint itself, and others have been excavated in the immediate environs of the city, most notably at Diaporit and on the Vrina Plain. The principal late antique church within the walls of Butrint is the Great Basilica constructed in the lower city, contemporary with the Baptistery and the main episcopal church. Another substantial basilica church rose on the summit of the

Pagëzimorja, pamje ajrore

The Baptistery, aerial view

Bazilika e Madhe

The Great Basilica

kryesore. Një bazilikë tjetër e rëndësishme është ndërtuar në majë të kodrës së akropolit. Nga ky pozicion ishte e mundur të vëreheshin dy kisha të tjera të rëndësishme: njëra në shërbim të një qendre për pelegrinët, në anën tjetër të liqenit të Butrintit, në Diaporit, dhe e dyta, një bazilikë e dekoruar në mënyrë komplekse, që ishte ndërtuar në fushën e Vrinës dhe paraqiste një fasadë të madhe dhe një portik të dyfishtë në breg të liqenit, përballë qytetit të Butrintit. Vende të tjera të kultit të krishterë, brenda në qytet, janë kisha e vogël në gjimnazin e qytetit dhe pusi i Junia Rufina-s.

Këto struktura janë provë e një programi të rëndësishëm për ndërtimin e kishave, jo vetëm në Butrint por në të gjithë pellgun mesdhetar në fundin e shekullit V dhe gjatë shekullit VI e.s. Në të vërtetë, këto ndërtime janë investimi më i madh arkitekturor i kësaj periudhe në Butrint. Ndërtimi i banesave të mëdha private, di Pallati i Trikonkës, dhe ndërtimet e rëndësishme publike, si muret e qytetit, që luajtën një rol të dorës së parë në urbanistikën e periudhës së vonë romake, u ndërprenë gjatë shekullit V. Ky ndryshim në investime reflekton qartë ndryshimin e përparësive të elitave qytetare dhe rritjen e fuqisë së klerit, në mënyrë të veçantë rritjen e fuqisë së peshkopit.

Butrinti ka qenë seli peshkopale për më shumë se njëmijë vjet, nga shekulli V deri në shekullin e XVI, kur selia e peshkopit u transferua në Glyky (afër Artës në Greqinë e veriut). Duke filluar nga shekulli i VI kisha, dhe në veçanti peshkopi, kishin zëvendësuar faktikisht strukturat administrative dhe civile të qytetit romak. Rritja e fuqisë së kishës duket qartë në rritjen e pasurisë së saj nëpërmjet dhurimeve, mirëbërësve, dhe pronësive gjithmonë e më të shtrira të tokës. Kjo reflektohet edhe në numrin gjithmonë e më të madh të kishave që kishin nën zotërimin e tyre qytetin dhe territorin.

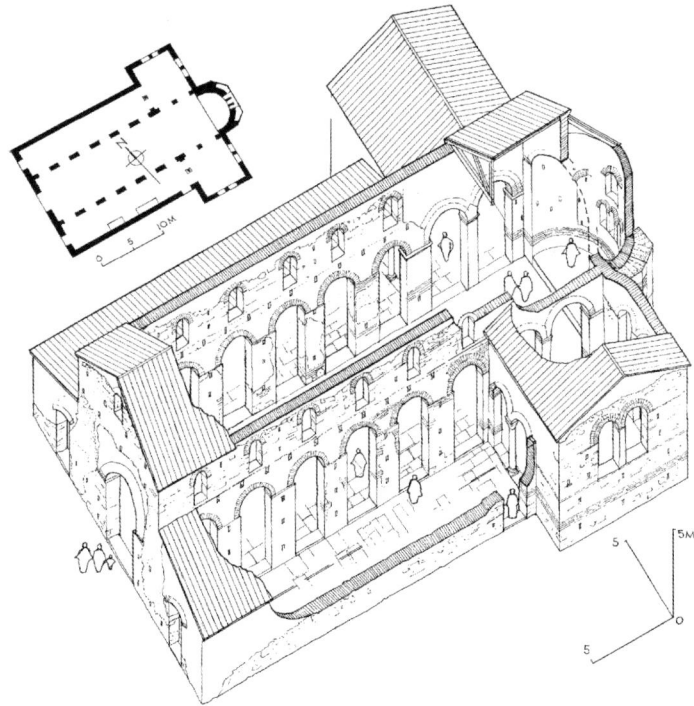

Bazilika e Madhe, rindërtim aksonometrik dhe planimetri

The Great Basilica, axonometric reconstruction and plan

acropolis hill. From this elevated position a further two churches would have been prominently visible: one serving a pilgrimage centre across Lake Butrint at Diaporit, the second an elaborately paved basilica on the Vrina Plain with an imposing façade and double porch on the water's edge directly fronting Butrint. Other sites of Christian worship, within the city, included the smaller Gymnasium church and at the Well of Junia Rufina.

These structures are evidence for a vigorous programme of ecclesiastical building characteristic not just of Butrint, but of the whole Mediterranean in the later 5th and first half of the 6th century. Indeed, these buildings represent *the* major architectural investment of Butrint in this period. The construction of grandiose private dwellings, like the Triconch Palace, and major public works like city walls, both of which had been key features of the late Roman urban landscape, had dramatically ceased in the course of the 5th century. This change in investment reflects the changing priorities of the urban elite and the growing power of the clergy and particularly the bishop.

Butrint was a bishopric for over a thousand years, from the 5th to the 16th century, when the seat was transferred to Glyky (near modern Arta in northern Greece). By the 6th century the Church, and especially the bishop, had effectively supplanted the old civic power structures of the Roman town. The rise of the Church's civic powers is reflected in the increased wealth that accrued to it through donations, benefactions and increased landholdings – and in the increasing

Bazilika e Diaporitit

The Diaporit basilica

Ndërtimi i kishave sponsorizohej nga qytetarë privatë, ose nga fondet e kishave që shtoheshin nga dhurimet apo nga pronësia e tokave. Në Butrint nuk njohim asnjë akt dhurimi nga individë laikë: i vetmi mbishkrim dedikimi, që gjendet mbi një mozaik dyshemeje në bazilikën e fushës së Vrinës, nuk përmend emrin e mirëbërësit. Ndërsa emri që gjendet i shkruar në dyshemenë e ambientit bashkangjitur bazilikës, pasohet nga fjala *episkopos*, peshkop, dhe na tregon kështu që kjo godinë u pagua nga Kisha. Kjo pritej, meqenëse pagëzimoret më të mëdha të kësaj periudhe janë gjithmonë shprehje e qartë e fuqisë së peshkopëve. Ishte vetë peshkopi që i vetëm ushtronte të drejtën për pagëzim, pra për pranimin e anëtarëve të rinj në Kishë.

Një aspekt mbresëlënës i Butrintit në këtë periudhë është krijimi i një topografie qytetare shumë të karakterizuar nga ana fetare, e krishtere. Kjo u realizua qoftë me ndërtime të reja monumentale – si për shembull Bazilika e madhe, e cila u ndërtua brenda qytetit romak, pranë një nga portave kryesore të tij – qoftë me shndërrimin e strukturave të mëparshme. Kisha tek gjimnazi dhe vendi i lutjeve pranë pusit të Junia Rufina-s, në fakt, kishin shndërruar një burim pagan ose një vend të shenjtë në një ndërtesë kulti të krishterë. Edhe bazilika e akropolit, ndoshta ngrihet mbi një tempull të mëparshëm; po kështu edhe Pagëzimorja u ngrit brenda një banjoje publike romake.

I ashtuquajturi gjimnaz

The so-called Gymnasium

Hartë e Butrintit dhe e rrethinave të tij

Map of Butrint and immediate environs

number of churches that came to dominate both town and countryside.

Church construction was funded by private patrons or by the revenue of the Church from donations or landholdings. No records of individual lay donors survive at Butrint; the only extant dedicatory inscription, in the mosaic floor of the basilica on the Vrina Plain, leaves the benefactor pointedly anonymous. However, the name included in the floor mosaic of the room adjoining the Baptistery is styled *episkopos*, bishop, indicating that the work was paid for by the Church. This is what one might expect, since the large baptisteries of this period were particularly clear expressions of episcopal power: the bishop alone exercised the right to preside over baptism and the admission of new members to the Church.

A striking aspect of Butrint in this period is the overt creation of an explicitly Christian urban topography. This was achieved either through the construction of new monumental buildings – like the Great Basilica located close by one of the main gates into the Roman

Butrinti gjatë antikitetit të vonë, rindërtim

Late antique Butrint, reconstruction

Pusi i Junia Rufinës, dhe pikturat murore origjinale me pallonj dhe kantharos (vizatim i I. Epococo; arkivi i familjes Taddei)

The Well of Junia Rufina, and its original wall painting with peacocks and kantharos (painting by I. Epococo; Taddei family archive)

Një rëndësi të madhe në zgjedhjen e pozicionit të këtyre kishave duhet të ketë pasur fakti që këto ndërtesa duhet të ishin lehtësisht të dukshme. Bazilika e madhe, Bazilika e akropolit dhe kisha në fushën e Vrinës, janë të treja të vendosura në vende të dukshme, jo vetëm nga qyteti, por edhe nga një distancë më e madhe. Pagëzimorja duket si më e fshehur në pozicionin e saj, por po të konsiderojmë faktin që ndërtesa ngrihej e vetmuar, dhe ishte kaq e madhe, sigurisht që statusi i saj ishte shumë i qartë dhe askush nuk mund të mos kuptonte rëndësinë e saj. Në fakt pagëzimoret e mëdha të izoluara të Mesdheut qendror janë nga strukturat kishtare më të shkëlqyera të antikitetit të vonë. Ambientet e tyre shpesh janë të dekoruara në mënyrë të shkëlqyer, siç janë për shembull mozaikët në faqet e mureve të pagëzimoreve në Ravena dhe Albegna, në Itali; ose mund të kishin dyshemë me dekore të këtij niveli. Dyshemë të dekoruara me mozaikë të ndërlikuar ruhen në disa pagëzimore në Ballkan, në Afrikën e veriut dhe në Jordani, por vetëm ai i Butrintit paraqet një dyshemë komplekse me mozaik shumëngjyrësh që ruhet i paprekur.

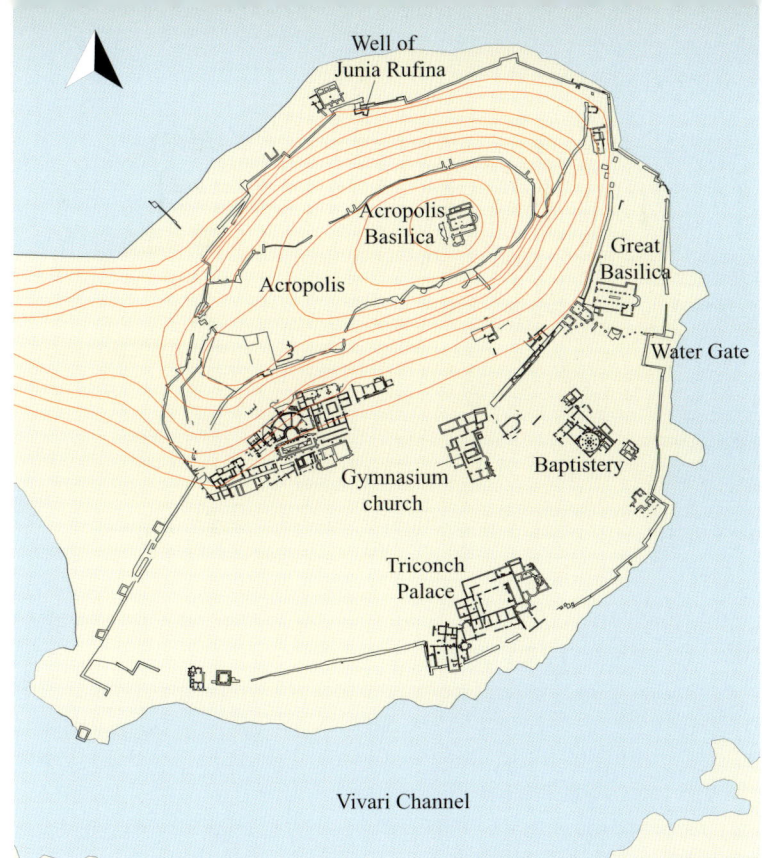

Monumentet e Butrintit gjatë antikitetit të vonë

Late antique monuments in Butrint

city – or through the conversion of older structures. Both the church at the 'Gymnasium' and the oratory at the Well of Junia Rufina transformed a pagan water source or shrine into a Christian cult building. The basilica on the Vrina Plain was built into ruins of a large Roman townhouse, and the Baptistery was constructed within a Roman bath-house.

An overriding concern in the location of these churches must have been their visibility. The Great Basilica, the Acropolis Basilica and the church on the Vrina Plain were all sited in dominant locations, visible not just within the city but also from a distance. The Baptistery was more discreet in its situation, but in its imposing solitary position there could have been no mistaking its importance and status. In fact, the great free-standing baptisteries of the central Mediterranean are some of the most splendid ecclesiastical structures from Late Antiquity. As the wall mosaics in the baptisteries in Ravenna and at Albenga in Italy show, their interiors could be sumptuously ornate, and some of these must have had correspondingly magnificent pavements. Polychrome mosaic floors are preserved in baptisteries in the Balkans, in North Africa and in Jordan; but that at Butrint is exceptional for its complexity and completeness.

Zbulimi

Gërmimet dhe kërkimet në pagëzimore u filluan nga Misioni Arkeologjik Italian i drejtuar nga Luigi Maria Ugolini, që në vitin e parë të gërmimeve të tij në Butrint, më 1928. Ndërtesa ishte e mbuluar nga ferra dhe shkurre, dhe dukej mbi sipërfaqen e tokës vetëm maja e murit verilindor. Megjithatë, gërmimet shumë shpejt nxorën në dritë shumë kapitele, baza, dhe trungje kolonash, dhe shumë shpejt u hapën transhe të tjera. Dalëngadalë muri rrethor i pagëzimores dhe më pas i tërë monumenti u shfaqën krejtësisht, dhe filluan punimet për zbulimin e ambientit trapezoidal aty ngjitur. Vaska e pagëzimit dhe mozaiku i dyshemesë u zbuluan shumë shpejt dhe Ugolini më vonë kujtoi shpesh "gioia della scoperta" (gëzimin e zbulimit).

Mozaikët u restauruan nga vëllezërit Vetraino në vitin 1930; në të njëjtën kohë u ngritën edhe kolonat e rrëzuara të ndërtesës. Në disa fotografi të kohës duket dyshemeja gati e paprekur, me shumë pak dëmtime. Por, gjatë këtyre 70 vjetëve të fundit, mozaiku ka pësuar dëmtime të ndryshme. Më i rëndi nga këto është ai që ka prekur një nga dy kompozimet e mrekullueshme aksiale, dreri që pi në Burimin e Jetës, një kompozim që në momentin e zbulimit ishte gati i paprekur.

Në pranverën e vitit 1974 një ekip i Institutit të Arkeologjisë, nën drejtimin e Aleksandër Meksit, hapi një transhe të ngushtë përgjatë strukturës së rrumbullakët, në anën e jashtme të saj, për të kapur planimetrinë e saktë të monumentit. Dyshemeja me mozaik u zbulua për të bërë punime restaurimi dhe konservimi. Gërmime të tjera në këtë

Pagëzimorja përpara gërmimeve (Instituti i Arkeologjisë)

The Baptistery prior to excavation (Instituti i Arkeologjisë)

The discovery

The excavation and investigation of the Baptistery was begun by the Italian Archaeological Mission, led by Luigi Maria Ugolini, during its very first season at Butrint in May 1928. The building was then covered by dense undergrowth and prickly spines, with only the top of the northeast wall visible above ground. However, excavation soon revealed a quantity of column capitals, bases and shafts, encouraging more trenches to be opened. Gradually the circular wall of the Baptistery and the monument was revealed in its entirety, and work was started on uncovering the adjoining trapezoidal hall. The font and the mosaic pavement were found almost immediately and Ugolini later recalled the 'gioia della scoperta' (the joy of the discovery).

The mosaics were restored and conserved by the Vetraino brothers of Rome in 1930, in an operation that also involved re-erecting the columns found in the building. Photographs taken at this time show the floor essentially intact with only a few small flaws. However, some palpable new losses have occurred over the past seventy years. The most grievous of these affect one of the two striking axial compositions, the deer drinking at the Fountain of Life, which at the time of discovery would appear to have been largely undamaged.

In the spring of 1974 a team from the Albanian Institute of Archaeology, under Aleksandër Meksi, opened a narrow trench around the outside of the structure in order to define its full extent, and the mosaics were uncovered for assessment and new conservation.

Gërmimi i Pagëzimores, 1928 (Instituti i Arkeologjisë)

The excavation of the Baptistery, 1928 (Instituti i Arkeologjisë)

Ringritja e kolonave të Pagëzimores, 1930 (Museo della Civiltà Romana)

Re-erecting the columns in the Baptistery, 1930 (Museo della Civiltà Romana)

Studim i Pagëzimores, 1982 (Instituti i Arkeologjisë)

Study of the Baptistery, 1982 (Instituti i Arkeologjisë)

zonë u ndërmorën në vitin 1982, nën drejtimin e Selim Islamit dhe Skënder Anamalit dhe u vazhduan në 1991 nga Damian Komata. Objektivi kryesor i këtyre gërmimeve ishte të qartësohej raporti ndërmjet Pagëzimores dhe ndërtesave të tjera të këtij kompleksi. Për fat të keq të dy gërmimet, si ai i vitit 1982 si ai i 1991 nuk u botuan.

Gjatë viteve 1994-98 u krye një rilevim i ri topografik dhe analiza të tjera nga Fondacioni Butrinti, në bashkëpunim me Institutin e Arkeologjisë Shqiptar, me qëllimin kryesor që të përcaktohej sa më saktë kronologjia e monumentit dhe që ky i fundit të gjente vendin e tij në kontekstin lokal dhe rajonal. Së fundmi, gjatë vitit 2006, filloi punimet e tij një staf i drejtuar nga Jacques Neguer përfaqësues i Israeli Antiquities Authority (Institucionit izraelit për antikitetet), në bashkëpunim me Institutin e Arkeologjisë Shqiptar dhe me Fondacionin Butrinti. Është një projekt që synon restaurimin dhe konservimin e mozaikëve të dyshemesë së pagëzimores.

Fotografi me ngjyra e viteve 1930 (Museo della Civiltà Romana)

Early colour photograph of the Baptistery, 1930s (Museo della Civiltà Romana)

Pastrimi i mozaikëve të Pagëzimores, 2006

Cleaning the baptistery mosaic, 2006

Further excavations in the area were carried out in 1982 under the direction of Selim Islami and Skender Anamali, and continued in 1991 under Damian Komata. The objective of these was to clarify the relationships between the Baptistery and the other buildings in the complex. Unfortunately, both the 1982 and 1991 excavations remain unpublished.

Between 1994-98 a new survey and analysis of the Baptistery were undertaken by the Butrint Foundation, in collaboration with the Albanian Institute if Archaeology, with the aim of establishing a chronology for the monument and of placing it within a local and a regional context. Most recently, in 2006, a programme of assessment and conservation of the mosaic pavement was begun by a team under the direction of Jacques Neguer of the Israeli Antiquities Authority, working with the Albanian Institute of Archaeology and the Butrint Foundation.

Duke studiuar mozaikun e Pagëzimores, 2006

Studying the baptistery mosaic, 2006

Pagëzimorja

Pagëzimorja është një strukturë e madhe rrethore, me diametër 14,5m, e ndërtuar brenda një ambienti të madh katërkëndor. Ky ambient, në një periudhë më të hershme, ishte pjesë e një kompleksi termal romak, ose ndoshta sektori termal i një banese të madhe private. Gjurmët e një sistemi ngrohjeje me *hypochaust*, na shtyjnë të mendojmë se ambienti i vogël në anën verilindore ishte një *calidarium*, apo dhomë e ngrohtë, e kompleksit të mëparshëm. Raporti midis banjave dhe pagëzimores është shumë domethënës, dhe prania e një sistemi hidraulik të gatshëm, mund të shpjegojë ndërtimin e Pagëzimores në këtë pikë.

Brenda Pagëzimores, dy rrathë bashkëqendrorë me nga tetë kolona secili, 16 gjithsej, mbanin çatinë e drunjtë, më një hapje në qendër. Kolonat, të realizuara me granit egjiptian në ngjyrë të errët, ngriheshin mbi baza të ripërdorura, të ndryshme nga njëra-tjetra dhe kurorëzoheshin nga kapitele të stilit ionik, të dekoruar nga gjethe dashtre dhe kryqe. Kapitelet ka shumë mundësi të jenë gdhendur enkas për këtë ndërtesë. Sipërfaqja e brendshme e murit kryesor ka qenë dekoruar me 24 gjysmë-kolona të holla. Muri më pas është suvatuar dhe pikturuar; një stol jo i lartë, i ndërtuar me muraturë, ndoshta i veshur me mermer, gjendet përgjatë këtij muri kryesor. Në qendër të kësaj ndërtese ndodhet një vaske pagëzimi në formë kryqi, e veshur me mermer të bardhë të punuar mirë. Brenda saj, vaska ka dy shkallare, të

Pamje panoramë e Pagëzimores

The Baptistery

The Baptistery is a big circular structure, 14.5 m in diameter, built within a large rectangular room, which had previously formed part of a Roman bathing establishment or the bath-range of a large private residence. The remains of a hypocaust heating system identify a small room to the northeast as the *caldarium*, or hot room, of this earlier complex. The relationship between the bath-house and the later Baptistery is clearly significant, and the presence of a convenient, ready-made hydraulic system may explain the construction of the Christian structure on this spot.

Inside the Baptistery, two concentric rings of eight columns, 16 in all, supported a wooden roof with a central lantern. The columns, carved from dark Egyptian granite, stood on a variety of reused bases and were topped by Ionic impost capitals, which are embellished with acanthus leaves and crosses, and probably were carved specifically for the building. The interior surface of the wall was articulated with 24 slender half-columns and was plastered and painted; a continuous low masonry bench, possibly originally covered with polished marble veneer, ran round the foot of the wall. The focus of the building was a central cruciform baptismal font, faced in slabs of polished white marble. This was designed with two interior steps to enable candidates for baptism to step

Panoramic view of the Baptistery

Planimetri e zonës së Pagëzimores

Plan of the Baptistery area

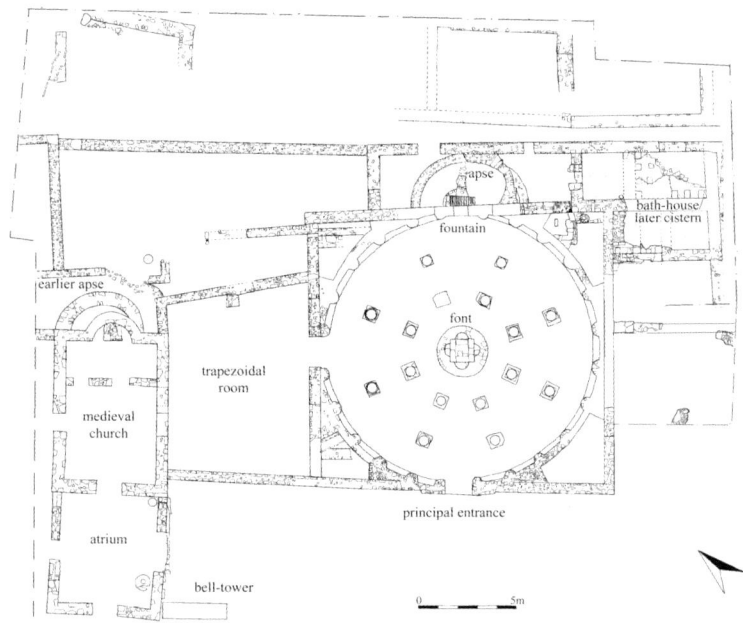

përdorura nga besimtarët gjatë ritit të pagëzimit për të zbritur brenda, që peshkopi, ose i deleguari i tij, të kryente kështu ritin e shenjtë duke derdhur, me anë të një ene, ujë mbi besimtarin.

Këndet e ambientit të mëparshëm u përshtatën si ambiente të veçanta. Ambientet në veri dhe jug lidheshin drejtpërdrejt me pagëzimoren, dhe ndoshta përdoreshin si anekse, ndoshta si vend shërbimi për klerikët që praktikonin kultin. Në ambientin e këndit lindor gjendej një depozitë uji dhe një *praefurnium*, një furrë për ngrohjen e ujit. Një tub i nëndheshëm çonte ujin e ngrohtë nga kjo furrë në vaskën e pagëzimit. Me sa duket qëllimi kryesor ishte të sigurohej një temperaturë e përshtatshme për banjën e besimtarëve që pagëzoheshin, të cilët ndoshta do të kishin hequr dorë nga pagëzimi në qoftë se do të ishin të detyruar të lageshin me ujë të ftohtë. Por ka mundësi që ngrohja e ujit të ketë pasur vlerë rituale, pastrimi. Brenda në vaskë uji i ngrohtë përzihej me ujë më të ftohtë, që vinte nga një depozitë më e madhe, e ndërtuar brenda *calidarium*-it, ambientit të ngrohtë, të banjave të periudhës romake.

Një aspekt tjetër interesant i pagëzimores është një shatërvan i vogël i ndërtuar brenda një strukture me hark në murin përballë hyrjes kryesore. Zinte vend në aksin vizual kryesor, prapa vaskës, dhe luante një rol të rëndësishëm në këtë kompleks, duke pasur kryesisht një funksion simbolik. Me sa duket, është projektuar për të qenë një imazh

Kapitel kolone

Column capital

Vaska pagëzimore

The baptismal font

down into the basin, where the bishop or his deputy would have administered the sacrament by pouring water over them with a vessel.

The corners of the earlier rectangular room were left as small chambers. The north and south rooms were originally accessible from the Baptistery itself and must have functioned as ancillary spaces, possibly as sacristies for the use of the officiating clergy. The eastern corner room held a water tank and *praefurnium*, a furnace for heating water; and an underground pipe conveyed the warmed water directly to the font. It would appear that the intent was to ensure a pleasant

Planimetri e strukturave impiantit të banjave të mëparshme

Plan of the structures of the earlier bath-house

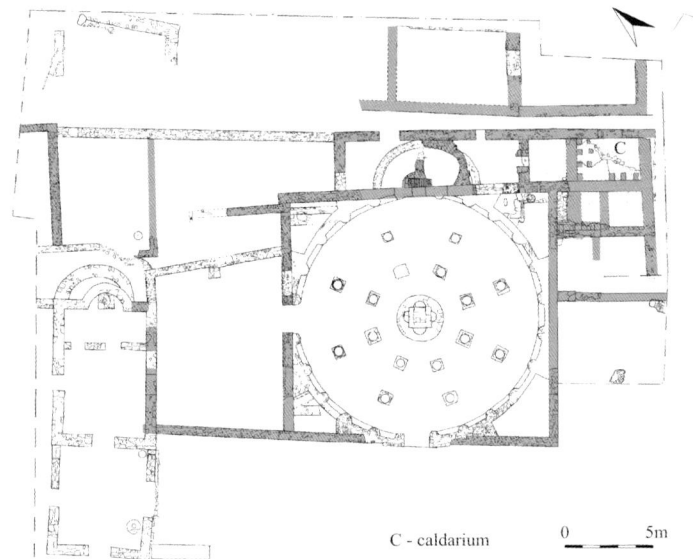

C - caldarium   0 ___ 5m

Planimetri e strukturave të Pagëzimores

Plan of the structures of the Baptistery

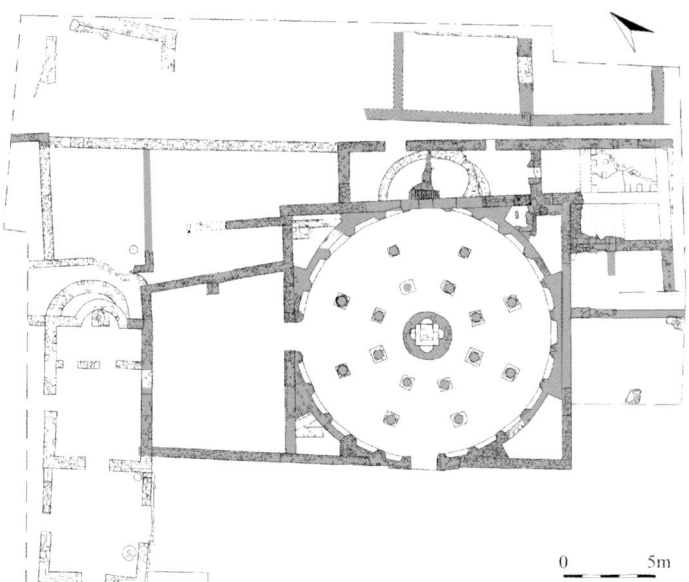

0 ___ 5m

i Burimit të Jetës, për të cilin flitet në kapitullin e dytë të Gjenezës; Burimi i Jetës ishte një element qendror në ikonografinë e pagëzimit. Përgjatë anës veriperëndimore të pagëzimores është ndërtuar një ambient trapezoidal me formë të çrregullt, që komunikonte me pagëzimoren me anë të një hyrjeje. Ky ambient luante pa dyshim një rol të rëndësishëm në funksionimin e Pagëzimores: e tërë dyshemeja e tij

Rrënoja të praefurnium-*it*

Remains of the praefurnium

bathing temperature for catechumens who might have been put off at the prospect of christening in cold water. At the font, the warm water was mixed with cooler water from a much larger cistern constructed within the *caldarium*, the hot room, of the earlier Roman bath-house.

Another peculiar feature of the Baptistery is a small fountain that once bubbled up within an arched structure in the wall directly opposite the entrance. Situated axially behind the font, this constitutes a major focus within the interior space, and must have had a purely symbolic function. It would seem to have been është dekoruar me mozaik. Përgjatë njërës anë të tij ngrihej një kishë mesjetare, e cila kishte në ballë një ambient dhe një këmbanare të ndërtuar më vonë (ndoshta shekulli XVI). Këto godina janë ndërtuar kohë më vonë se momenti i braktisjes së pagëzimores.

Janë dy elementët arkitetonikë që e bëjnë godinën e pagëzimores shumë të veçantë. I pari është shatërvani përballë hyrjes, pothuaj i vetmi rast i pranisë së një shatërvani në kontekste pagizimoresh. Tjetri është forma e dy rrathëve me kolona; fakti që të dy këto rrathë kanë tetë kolona secili do të thotë që distanca midis kolonave të rrethit më të jashtëm është dy herë më e madhe se distanca midis kolonave të rrethit të brendshëm. Ky element ka bërë që arkitektët të vënë në provë deri në fund zotësinë e tyre, duke krijuar në rrethin e jashtëm harqe shumë më të gjera dhe të larta. Edhe kjo skemë ndoshta është realizuar duke pasur parasysh aspekte simbolike, si për shembull rëndësia e numrit tetë (shiko më poshtë). Nuk njohim asnjë ndërtesë tjetër të kësaj periudhe që të paraqesë këtë formë.

Shatërvani

The fountain

Shatërvani, pamje e jashtme

The fountain, exterior view

designed as an image of the Fountain of Life referred to in the second chapter of Genesis, which was a central element in the iconography of baptism. An irregular trapezoidal hall is built against the northwest side of the Baptistery with a door providing direct access between the two spaces. This room clearly played an important role in the functioning of the Baptistery: its entire floor is laid with a vivid mosaic pavement. A small medieval church rises on its far side fronted by a later (probably 16th-century) atrium and bell-tower, both constructed long after the Baptistery itself had fallen out of use.

Two architectural features make this building quite exceptional. The first is the fountain facing the entrance, almost unique in a baptismal context. The other is the design of the two circling colonnades; the fact that each consists of eight columns means that the distance between the shafts in the outer ring is about twice that in the inner ring. This gives rise to technical and aesthetic issues – far wider and higher arches in the outer arcade - that must have tested the ingenuity of architect to the limit. The scheme must have been driven by symbolic considerations – the power of the number eight (see below). No other building of the period takes this form.

Mozaiku i dyshemesë

The mosaic pavement

Dyshemeja me mozaikë

Elementi më i rëndësishëm i pagëzimores së Butrintit është padyshim dyshemeja e tij. Kjo ruhet pothuaj tërësisht dhe është padyshim mozaiku më i madh, më i ndërlikuar dhe më i ruajtur i një pagëzimoreje të antikitetit të vonë në të gjithë pellgun mesdhetar.

Dyshemeja me sa duket është realizuar brenda një fushate punimesh, me siguri menjëherë pas përfundimit të punimeve të vetë godinës dhe dekorimi i saj është realizuar me shtatë shirita rrethorë me në qendër vaskën e pagëzimit. Në shiritin e parë dhe të pestë është përfaqësuar një degë e pandërprerë urthi; në të dytin dhe të katërtin gjenden zinxhirë medaljonesh të zbukuruar me shumë lloje kafshësh të ndryshme, shpendë, peshq, dhe lule të kuqe; shiriti i tretë dhe i gjashtë janë dekoruar me shirita të trashë që thuren me njëri tjetrin. Shiriti i shtatë, ai më i brendshmi që i vjen rrotull vaskës, është dekoruar me një qilim medaljonesh të cilët thuren me njëri tjetrin dhe që përmbajnë rombe

Planimetri e Pagëzimores dhe e ambientit trapezoidal

Plan of the Baptistery and trapezoidal hall

The mosaic pavement

The most remarkable aspect of the Butrint Baptistery today is without a doubt its floor. This is preserved almost in its entirety and is the largest, the most complex and the most complete mosaic pavement to survive from a late antique baptistery anywhere in the Mediterranean basin.

The pavement appears to have been executed in one campaign, probably immediately after the building itself had been completed, and is composed of seven circling bands that turn around the central font. The first and fifth bands carry a continuous ivy trail; the second and fourth, chains of interlocked medallions inhabited by all manner of animals, birds, fish and bright red flowers; and the third and fifth bands have bold bands of interlaced rings. The seventh innermost ring, framing the font, consists of a carpet of interlocking medallions containing lozenges of polychrome chequerboard pattern. These bands are interrupted on the axis between the main door and the font

Pagëzimorja dhe dyshemeja e saj

The Baptistery and its pavement

Pamje nga hyrja drejt shatërvanit

View from the entrance toward the fountain

shumëngjyrësh të dekoruar si fushë shahu. Këto shirita ndërpriten në drejtimin e hyrjes kryesore nga dy kompozime emblematike të shkëlqyera. I pari paraqet një enë të madhe nga e cila del një degë rrushi, në anë të së cilës janë dy pallonj dhe shpendë të tjerë më të vegjël. I dyti paraqet dy drerë që pinë në një burim poshtë një harku, me nga një pemë në secilën anë.

Këto dy panele veçohen nga pjesa tjetër e dyshemesë për sa i përket vizatimit dhe punimit. Dimensionet e vogla të kubikëve dhe ngjyrat e tyre bien menjëherë në kontrast me pjesën tjetër të dyshemesë, ku kubikët janë më të mëdhenj dhe të prerë vetëm nga tre tipe guri të vendit: gëlqeror të bardhë dhe të kuq dhe strall i zi, por edhe tjegulla të kuqe. Sido që të jetë, mënyra e shtrimit dhe e kompozimit tregojnë qartë se panelet dhe pjesa tjetër e mozaikut janë të së njëjtës kohë. Në këtë aspekt është e rëndësishme edhe figura e mjeshtrit kryesor që ka bashkëpunuar me stafin e bërësve të mozaikut. Është puna e mjeshtrit që ndikon në mënyrë të ndjeshme në njësimin e skemës së përgjithshme.

by two brilliant and emphatic emblematic compositions. One depicts a large vase from which a vine issues, with flanking peacocks and other smaller birds. The other shows two stags drinking at a fountain beneath an arch flanked by trees.

These two axial panels stand out from the rest of the floor in design and execution. The small size of the tesserae and the range of colours used here make a striking contrast to the rest of the pavement, where the tesserae are larger and are cut from just three locally available stones, white and pink limestone and black chert, as well as red tile. However, details of laying and design indicate that they are contemporary with the rest of the floor, the work of a master craftsman who collaborated with the main team of mosaicists, contributing prominent accents to the overall scheme.

There is no internal evidence for determining an accurate date for the Baptistery and its pavement. In style and motif the mosaic belongs to a tradition that was widespread in the southern Balkans in the 5th and 6th centuries: general analogues can be found on the floor of churches at Nea Anchialos in Magnesia and at Palaiopolis on Corfu. The mosaic is probably the work of a team of craftsmen based in the city of Nicopolis, some 100 km to the south of Butrint, where a number of the motifs used in Basilica A offer close parallels to the floor at Butrint. An inscription in one of the pavements of this church at Nicopolis names its patron as a certain Dometios, who has been identified as a bishop who probably held

Vendndodhja e Butrintit ne detin Jon

The location of Butrint on the Ionian Sea

Nuk kemi asnjë element të brendshëm për të përcaktuar në mënyrë të saktë datën e pagëzimores. Për sa i përket stilit dhe motiveve të përdorur, mozaiku ndjek një traditë shumë të përhapur në Ballkanin jugor gjatë shekujve V e VI. Krahasime të përgjithshme mund të bëhen me dyshemetë e kishave të Nea Anchialos në Magnesia dhe të Palaiopolis në Korfuz. Mozaiku ka shumë mundësi të jetë vepër e një skuadre mjeshtërish nga Nikopolis, rreth 100 km në jug të Butrintit, pasi shumë nga motivet e përdorura në Bazilikën A të këtij qyteti janë shumë të ngjashme me dyshemenë e Butrintit. Një mbishkrim në një nga dyshemetë e kësaj kishe në Nikopolis përmend si patron të vet një person të quajtur Demetrios, që është identifikuar të ketë qenë peshkop gjatë çerekut të dytë të shekullit të VI (525-550 e.s.). S'ka dyshim që edhe Pagëzimorja e Butrintit dhe dyshemeja e saj janë ndërtuar në këtë periudhë.

Tema Uji dhe Shpëtimi

Temat kryesore të mozaikëve të pagëzimores së Butrintit janë uji i pagëzimit, uji i jetës dhe shpëtimi që ky ujë i sjell besimtarit. Temat e ujit dhe shpëtimit, të lidhura ngushtë me njëra-tjetrën, lidhen edhe me gjakun e Krishtit dhe me verën e eukaristisë. Bëhet fjalë për tema që janë të gjitha të lidhura ngushtë me konceptin e krishterë të pagëzimit. Pagëzimi është riti dhe sakramenti me anë të së cilit një individ pranohet si anëtar i besimit të krishterë. Gjatë pagëzimit individi, duke u futur në ujë, merr pjesë në sakrificën dhe vdekjen e Krishtit, dhe, po ashtu siç Krishti ringjallet, edhe individi rilind, kur del nga uji, me një jetë të re që mbart me vete shpresën e shpëtimit. Mjeti simbolik i këtij ndryshimi është uji, dhe uji është i gjithëpranishëm në këtë dysheme.

Tema e zgjimit në mëngjesin e një jete të re i lajmërohet gjithsecilit që hyn ose del nga hyrja kryesore. Po të hedhë sytë në dysheme, sapo kalon pragun, vizitori ndesh dy gjela, shpendë që lajmërojnë ditën e re dhe simbolizojë rilindjen dhe ringjalljen; jetën e re që fitohet me pagëzimin. Menjëherë më pas, përballë këtyre gjenden dy kompozimet e mrekullueshme emblematike, që ndërpresin shiritat rrethorë. Kubikët shndritës dhe shumëngjyrësh prej xhami që dallojnë këto dy panele nga pjesa tjetër e mozaikut, flasin qartë edhe për rëndësinë e temës së këtyre dy kompozimeve.

Paneli i parë mbizotërohet nga një vazo e madhe, një *kantharos*, një enë e madhe me dy vegje në formë kupe që shërbente për të mbajtur verë, nga e cila dalin dy degë rrushi që mbajnë bistakë mëdhenj. Dy pallonj të mëdhenj dhe dy zogj më të vegjël ndodhen në të dy anët e enës dhe duket se po hanë frutat. Lidhjet e enës dhe të vreshtës me rrush me eukaristinë janë të padiskutueshme; vera i kujton besimtarit

Gjelat në hyrjen e Pagëzimores

The cockerels at the entrance to the Baptistery

office in the second quarter of the 6th century (525-550 AD). There can be little doubt that the Baptistery at Butrint and its pavement also date from this time.

Themes of Water and Salvation

The principal themes of the mosaic of the Baptistery are the water of baptism, the water of life and the salvation that this brings to the faithful. The linked subjects of water and salvation are further associated with the sacramental blood of Christ and with the wine of the eucharist. These are themes that were all inextricably associated in the Christian idea of baptism. Baptism is the rite and sacrament by which the initiate is admitted to full membership of the Christian faith. In baptism the initiate, entering the water, participates in Christ's sacrifice and death, and like Christ is reborn out of the water into new life and the prospect of salvation. The symbolic agent of this transformation is water, and allusion to water is everywhere on this pavement.

The theme of awakening to the dawn of a new life is announced to anyone entering, or rather leaving, by the main door. Looking down, just over the threshold, the viewer sees two cockerels, birds that proclaim the coming of day and symbolize rebirth and resurrection; the new life gained through baptism. Immediately in front of these are the two spectacular emblematic compositions that interrupt the circling bands. The sparkling polychrome glass cubes, which distinguish these subjects from the rest of the floor, signal their thematic importance.

The first panel is dominated by a great vase, a *kantharos*, a large two-handled chalice-like vessel for wine, from which issue two vine stems bearing prominent clusters of grapes. Two large peacocks and

Panel me kantharos dhe pallonj, fotografi dhe vizatim i I. Epicoco (arkivi i familjes Taddei)

Panel with kantharos and peacocks, photograph and painting by I. Epicoco (Taddei family archive)

Darkën e Fundit përpara kryqëzimit, gjatë së cilës Krishti u dha dishepujve verë si simbol të gjakut të tij duke vendosur, në këtë mënyrë, fillesën e ritit të shenjtë të kungimit, që kujton gjithmonë vdekjen e tij. Prania e dy pallonjve shpjegohet me idenë e parajsës, me ringjalljen dhe me jetën e përhershme. Lidhja e ujit të pagëzimit me gjakun e Krishtit dhe me verën e eukaristisë është shumë e zakonshme në këtë periudhë, siç duket qartë edhe nga një pjesë e Udhëzimeve mbi Pagëzimin të shekullit të IV të Shën Gjon Kysostomit (3.16-7, 163):

> Shën Gjoni thotë se kur Krishti kishte vdekur dhe ishte akoma në kryq një ushtar e shpoi në brinjë me një heshtë dhe nga plaga rrodhi ujë dhe gjak. Uji është simbol i pagëzimit, ndërsa gjaku i misterit të eukarestisë. Nga të dy këto bashkë lindi Kisha.

Kompozime të ngjashme, me pallonj ose drerë anash një ene dhe me referime të tilla për eukarestinë, mund të gjenden në dysheme të tjera të kësaj periudhe: tek kisha e shenjtorëve Kozma dhe Damian në Gerasa në Jordani, në Heraklea Lynkestis në Maqedoni dhe në bazilikën në Skhira në Tunizi.

Më tej, në të njëjtin drejtim, gjendet një panel i dytë, në të cilin duken dy kaproj që i afrohen një burimi, i cili ndodhet nën një kryq. Burimi ka trajtën e një peme të vogël në formë rombi me shtatë degë paralele në secilën anë, ndoshta currila uji. Sot është dëmtuar gati krejtësisht, por ishte i ruajtur shumë mirë në fillim të viteve 1930 kur Igenio Epicocco, artisti që punonte me stafin e Ugolinit, i bëri një vizatim me ngjyra. Ky kompozim kurorëzohet nga një hark që mbështetet në dy pemë të larta. Drerët apo kaprojtë shfaqen shpesh në tekstet dhe imazhet e krishtërimit të hershëm, dhe janë të lidhur shpesh me pagëzimin. I referohen vargut të parë të Psalmit të 42-të: 'Ashtu si dreri dëshiron ujin e përroit, ashtu dëshirohet edhe shpirti im për ty, o

two smaller birds flank the vessel and seem intent on devouring the fruit. The eucharistic associations of the vessel and the grape-laden vine are unmistakeable; the reference to wine would have reminded the faithful of the Last Supper before the crucifixion, in which Christ offered wine as a symbol of his blood, and initiated the ritual re-enactment of his death in the sacrament of communion. The accompanying peacocks establish a paradisiacal setting alluding to rebirth and everlasting life. The association of the water of baptism with the blood of Christ and the wine of the eucharist was a commonplace in this period as is made clear in a passage from the 4th-century Baptismal Instructions of St. John Chrysostom (3.16-7, 163):

Panel me drerë në një burim, fotografi dhe vizatim i I. Epicoco (arkivi i familjes Taddei)

Panel with deer at a fountain, photograph and painting by I. Epicoco (Taddei family archive)

> St. John says that when Christ was dead but still on the cross, the soldier came and pierced his side with a lance, and straightway there came out water and blood. The one was a symbol of baptism and the other of the mystery of the eucharist. It is from both that the Church is sprung.

Similar compositions with peacocks or deer flanking a vase and with similar eucharistic references can be found in contemporary pavements elsewere around the early Christian Mediterranean: at SS. Cosmas and Damian at Gerasa in Jordan, at Heraklea Lynkestis in Macedonia and in the basilica at Skhira in Tunisia.

Beyond this is a second axial panel in which two stags approach what must be a fountain set beneath a large cross. The fountain has the form of a small lozenge-shaped tree with seven parallel branches on either side, presumably streams of water. It is now almost completely destroyed, but was still fully preserved when Igenio Epicocco, the artist working with Ugolini's team, made his painting of this composition in the early 1930s. Framing this motif is an arch

Kolonada e dyfishtë e Pagëzimores

The double colonnade of the Baptistery

Zot'. Shën Augustini (Komente mbi psalmet, 41.1), i cili shkruan në fillimin e shekullit të pestë, na tregon se si ky varg këndohej nga besimtarët ndërsa shkonin drejt vaskës së pagëzimit.

Figura e drerit që i afrohet një ene, një burimi apo brigjeve të Parajsës është temë e zakonshme dekorative e pagëzimoreve dhe vaskave të periudhës së hershme të krishterimit, sepse njësohej me besimtarët e krishterë që nxitonin entuziastë drejt vaskës së pagëzimit. Rasti më i hershëm i paraqitjes së drerit në kontekste pagëzimi është Pagëzimorja e Lateranos në Romë e ndërtuar nga Kostandini, ku mund të shikohen shtatë statuja argjendi drerësh rreth një burimi. Raste të përdorimit kësaj ikonografie në mozaikë mund të gjenden në pagëzimoret në Salona, Kroaci, në Stobi dhe Ohër në Maqedoni, në l'Oued Ramel dhe Henchir Messauda në Tunizi dhe në Ras-Siagha në malin Nebo në Jordani.

Akoma më tej në këtë drejtim gjendet vaska pagëzimore në formë kryqi, e veshur me mermer, dhe më tej akoma është fasada me hark e shatërvanit. Së bashku, këto elementë, përbëjnë qendrën kryesore të vëmendjes brenda ndërtesës. Situata arkeologjike e shatërvanit është e vështirë për tu përcaktuar; ka mundësi që ky të jetë ndërtuar mbi një element të mëparshëm që kishte të bënte me ujin, përbrenda nishes së ndërtesës më të hershme; ndoshta bëhej fjalë për një burim për të cilin besohej të kishte fuqi shëruese. Pa dyshim shatërvani është një element i jashtëzakonshëm, që gjendet vetëm në një vend tjetër: pagëzimorja pranë bazilikës së Lekaion në Korint, Greqi. Me sa duket ka shumë mundësi që shatërvani të jetë konceptuar si Burimi i Jetës në Parajsë, dhe burimi i katër lumenjve për të cilët flet kapitulli i dytë i Gjenezës. Në interpretimet më të hershme të Biblës, Burimi i Jetës lidhet me slung between two tall trees. Deer or stags figure quite commonly in early Christian commentary and imagery and were particularly associated with baptism. They refer to the first verse of the 42nd psalm: 'Like as the hart desireth the water-brooks, so longeth my soul after thee, O God.' St. Augustine (*Commentary on Psalms* 41.1), writing in the early fifth century, says that this verse was sung by catechumens as they processed to the font.

The image of deer approaching a vase, a fountain or the rivers of Paradise is a common theme in the decoration of baptisteries and fonts in the early Christian period, since it was identified with Christian initiates eagerly hurrying to the font of baptism. The earliest record of images of deer in a baptismal context is the 4th-century Lateran Baptistery in Rome constructed by Constantine, where seven silver statues of stags stood around the font. Examples in mosaic can be found at the baptisteries at Salona in Croatia, at Stobi and Ohrid in Macedonia, at l'Oued Ramel and Henchir Messauda in Tunisia, and at Ras-Siagha on Mount Nebo in Jordan.

Next, on the principal axis, is the gleaming, marble-covered, cruciform font, and beyond that is the arched front of the fountain. Together these constitute the principal symbolic focus of the building. The archaeology of the fountain is difficult to interpret; it may have been constructed over an existing water feature set into the apse of the earlier building on this site, possibly even a source with reputed healing powers. Certainly the fountain in the Butrint Baptistery is an extraordinary feature, paralleled really only in one other place: the baptistery associated with the Lechaion Basilica at Corinth, in Greece. As it stands, it seems likely that the fountain was conceived in the image of the Fountain of Life in Paradise, the source of the four rivers referred to in the second chapter of Genesis. In early Christian biblical interpretations, the Fountain of Life is associated with Christ, the four rivers with the four Evangelists, and the water that flows into them is identified with the Word of God, the Gospel, which brings the possibility of salvation to all who believe and are baptised into the faith.

Beyond this, the very design of the building and the layout of the pavement invite a symbolic reading related to the idea of salvation. To the Christian understanding, the number eight is inextricably associated with baptism. Eight is the number of the final age of Christian history, the time after the Last Judgement when, after Christ's second coming, the faithful will achieve eternal bliss in Paradise. Hence, eight is the symbol of salvation and everlasting life. In the Baptistery, attention is drawn to the two-times-eight granite

Dyshemeja me mozaik e Pagëzimores

The mosaic pavement of the Baptistery

Medaljon me luan dhe shpendë

Medallion with lion and birds

Medaljon me leopard dhe shpendë

Medallion with leopard and birds

Krishtin, dhe katër lumenjtë me ujin që rrjedh në to dhe me katër ungjilltarët, shikohet si Fjala e Zotit, Ungjilli, që sjell shpresën e shpëtimit për të gjithë ata që besojnë dhe që janë pagëzuar në fe.

Përtej kësaj forma e përgjithshme e ndërtesës dhe zbukurimi i dyshemesë ftojnë në një interpretim simbolik të lidhur me idenë e shpëtimit. Për besimtarin e krishterë numri tetë lidhet ngushtë me pagëzimin. Tetë janë epokat e historisë së krishterë, koha mbas Gjykimit përfundimtar, kur, pas ardhjes së dytë së Krishtit besimtari do të arrijë bekimin në Parajsë. Prandaj, teta është simboli i shpëtimit dhe jetës së përhershme. Në pagëzimore, të tërheqin vëmendjen dy rrathët me nga tetë kolona graniti secili, që mbajnë çatinë, dhe shtatë shiritat rrethorë të mozaikut të dyshemesë që përfundojnë me elementin e tetë, vaskën. Vaska konsiderohej si hyrja një jetën e përhershme, e cila fillon pas Gjykimit Përfundimtar, në ditën e tetë. Një lidhje e drejtpërdrejtë midis pagëzimit, shpëtimit dhe numrit tetë. Që në shekullin e katërt një mbishkrim, në pagëzimoren tetëkëndore të Milanos, shkruante:

> Tempulli me tetë kënde u ngrit për shërbime të shenjta, vaska tetëkëndore është e përshtatshme për këtë rit. Është mirë që salla e pagëzimit të kujtojë numrin tetë, nga i cili i vjen shpëtimi i vërtetë njerëzimit.

Një krijim i ri në parajsën tokësore

Në qoftë se panelet aksiale përmbanin shembuj të shpëtimit që sjell pagëzimi, pjesa tjetër e dyshemesë celebron shumëllojshmërinë e krijesave të Zotit, parajsën tokësore. Krijesat e shumta në medaljonet e lidhur midis tyre, përfaqësojnë krijimin e ri të Zotit, dhe në formë simbolike besimtarin për të cilin shpëtimi bëhet i mundshëm nga uji i pagëzimit.

Ikonografia e shiritave rrethorë është më e vështirë për tu interpretuar sesa ajo e dy paneleve të veçuara, por më mbresëlënëse, columns that supported the roof, and the seven circling bands of the mosaic pavement that culminate in the eighth element of the font. The font was seen as the gateway to the promised everlasting life that will dawn after the Final Judgement, on the eighth great day. Already in the 4th century, an inscription set up in the octagonal baptistery in Milan had pointed a direct association between baptism, salvation and the number eight:

> The eight-niched temple rose up for sacred use, the octagonal font is appropriate for that rite. It was fitting that the baptismal hall should stand to the number eight, by which true salvation returned to mankind.

A new creation and an earthly Paradise

If the axial panels exemplify the salvation brought by baptism, the rest of the floor celebrates the multiplicity and variety of God's making, an earthly Paradise. The multitude of creatures in the linked medallions represents God's new creation, in symbolic form the faithful for whom salvation is made possible by the waters of baptism.

The iconography of the circling bands is less easy to interpret than the two single panels on the main axis, but most striking, and at times brilliantly coloured, are the beasts, birds and fish in the two medallion chains. The animals and the birds marshalled in these roundels are of all sorts – lions and leopards, bulls and deer, sheep and dogs, goats and rabbits, swans and ibises, herons and peacocks – in no clear sequence or order, and the sense of their arrangement is by no means immediately obvious. In the second, outer ring there are birds in 24 medallions, animals in 12, fish in one and flowers in four; in the fourth, inner ring the selection is inverted, with birds in 7 medallions, animals in 12, fish in two and flowers in three. The three medallions with fish are all located in the southern section of the pavement, to the right of the main entrance; while the flowers appear to be distributed more or less at random. In the inner ring, the animals are concentrated in the area between the font and the fountain in the wall, with a corresponding emphasis on birds and fish in the area nearer the entrance; however, in the outer ring birds and beasts are set more evenly around the circle.

The distribution of all these creatures creates concentrations, groupings and emphatic accents, but their positioning does not appear to be rigorously systematic or exact. It might be supposed that the innermost area, in the vicinity of the fountain, is the most sacred part of the building, the equivalent of the sanctuary in a church, and this would seem to be supported by details in the design of the

Medaljon me dem

Medallion with bull

Medaljon me peshq

Medallion with fish

dhe ka raste që kafshët, shpendët dhe peshqit me dy shiritat me medaljone paraqesin ngjyra të mrekullueshme. Kafshët dhe shpendët të rreshtuar në këto medaljone janë të të gjitha llojeve – luanë dhe leopardë, dema dhe kaproj, dele dhe qen, pata dhe lepuj, mjelma dhe ibis, çafka dhe pallonj – pa ndonjë radhë të qartë, dhe kuptimi i kësaj shfaqjeje nuk është i lehtë për tu kuptuar. Në unazën e dytë, atë më të jashtmen, 24 medaljone janë mbushur me shpendë, 12 me kafshë, peshqit përfaqësohen vetëm në një dhe në katër prej këtyre janë vizatuar lule; në unazën e katërt, më të brendshmen, zgjedhja është e kundërta: shtatë medaljone kanë shpendë, 12 kafshë, dy peshq dhe tre kanë lule. Të tre medaljonet me peshq ndodhen të gjithë në pjesën jugore të dyshemesë, në të djathtë të hyrjes kryesore; ndërsa lulet duket se janë shpërndarë pa ndonjë rend. Në unazën e brendshme kafshët janë përqendruar në zonën midis vaskës dhe shatërvanit në mur, me një theks të veçantë mbi zogjtë dhe peshqit në zonën afër hyrjes; sidoqoftë, në unazën e jashtme zogjtë dhe kafshët janë shpërndarë në mënyrë më të njësuar.

Vendosja e kafshëve krijon përqendrime, grupime dhe thekse emfatike, por vendosja e tyre nuk duket të jetë sistematike. Mund të supozojmë se zona më qendrore, në afërsi të vaskës, të ketë qenë zona më e shenjtë e gjithë ndërtesës, zona që në një kishë i korrespondon altarit, dhe kjo pohohet nga disa detaje të zbukurimit të dyshemesë në këtë zonë. Sidoqoftë, nga vendosja e imazheve në dysheme duket qartë se ekzistonte edhe një pikë tjetër vëmendjeje: dy kompozimet aksiale me shpendë pranë *kantharos* dhe dreri në burim. Ky është imazhi që syri i besimtarit kapte sapo hynte në godinë për tu pagëzuar. Po në këtë zonë janë grumbulluar edhe krijesat që kanë më shumë lidhje me pagëzimin, shpendët dhe peshqit, ndërsa në zinxhirin me medaljone më të vogël, kafshët hasen më shpesh në zonën përtej vaskës. Kafshët ekzotike me ngjyra të forta që ndodhen në unazën e brendshme, afër

pavement in this area. However, the disposition of the imagery on the floor suggests another major focus by the two brilliant compositions with birds at the *kantharos* and deer at the fountain on the main axis between the entrance and the font. This is the imagery that would have met the eye of initiates as they entered the building for baptism. It is in this sector that the creatures with the strongest associations with baptism and salvation, the birds and the fish, are grouped, while in the inner medallion-chain the land animals are largely confined to the area beyond the font. The brilliantly coloured sequence of exotic beasts in this part of the inner chain by the fountain behind the font could signify the ignorant who have yet to convert, while the birds and fish near the western entrance may represent the faithful who, like the processing initiates, follow the will of God.

Animals of all kinds became one of the most common subjects on mosaic pavements in the later 5th and 6th centuries throughout the central and eastern Mediterranean. Their meaning is by no means

Medaljon me shpend uji me qafë të gjatë

Medallion with long-necked water-bird

Medaljon me dhi

Medallion with goat

Medaljon me shpend shumëngjyrësh

Medallion with colourful bird

Medaljon me gomar

Medallion with donkey

Medaljon me lejlek

Medallion with wading bird

shatërvanit e prapa vaskës, ka mundësi të simbolizojnë njeriun e paditur, i cili nuk e ka kthyer akoma besimin e vet, ndërsa shpendët dhe peshqit pranë hyrjes perëndimore ndoshta përfaqësojnë besimtarin i cili, ashtu si personat që bëjnë pagëzimin, ndjek vullnetin e Zotit.

Kafshët e çdo lloji janë një nga subjektet më të zakonshme për mozaikët e dyshemeve gjatë fundit të shekullit të pestë dhe shekullit të gjashtë, në të gjithë Mesdheun qendror dhe lindor. Kuptimi i tyre jo gjithmonë është i lehtë për tu kuptuar. Gjatë kësaj periudhe këto kafshë mund edhe të kishin më shumë se një kuptim, ndonjëherë letrar, ndonjëherë simbolik, varet nga konteksti. Shpendët dhe peshqit në medaljone mund të lidhen lehtësisht me tematika që kanë të bëjnë me pagëzimin, ndryshe nga kafshët e tjera. Sasia e madhe e shpendëve, ka mundësi të lidhet me Parajsën (pallonjtë dhe shpendë të tjerë me pupla shumëngjyrëshe), ose me ujin (rosa, pata, ibis, çafka, mjellma) dhe shoqërohen zakonisht nga të vegjlit e tyre. Në përgjithësi, në tekstet dhe imazhet e periudhës së hershme të krishtërimit, shpendët mund të personifikojnë ide morale dhe shpirtërore, duke përfaqësuar kështu Apostujt, dëshmorët, shenjtorët dhe shpirtrat e besimtarëve. Lejlekët dhe kafshët ujore, bashkë me peshqit, menjëherë sjellin ndër mend idenë e pagëzimit. Mund të përfaqësojnë anëtarët e kishës, të krishterizuar, dhe që kanë gjetur shpëtimin e tyre në ujin e jetës.

Peshqit në këtë dyshemé janë çuditërisht shumë të paktë dhe janë përqendruar vetëm në një zonë, në të djathtë të hyrjes kryesore perëndimore. Figura e peshkut u lidh që në shekullin e dytë me Krishtin dhe më pas, nga fundi i shekullit, u lidh edhe me pagëzimin. Në një medaljon dy peshq, që ngjajnë si balena, janë të kapur në dy grepa që bashkohen. Këto i kujtojnë shikuesit figurën e Krishtit dhe të dishepujve të tij si peshkatarë që peshkojnë nga deti i mëkateve dhe nga bota të përzgjedhurit. Shkrimtarë si Klementi nga Aleksandria (*Pedagogu*, 3.11), Kyrili nga Jerusalemi (*Procatechesis* 5) dhe Jerome (*Omelia*, 92)

always unequivocal; they could be understood in various senses in this period, sometimes literal sometimes symbolic, depending on their context. The birds and the fish in the medallions are more obviously associated with the themes surrounding baptism than are the motley collection of land animals. The vast majority of the birds is either associated with Paradise (peacocks and other ornamental fowl with bright plumage), or with water (ducks, geese, ibises, herons and swans) and are occasionally surrounded by their young. In general terms, in early Christian texts and imagery, birds can embody ideas of moral and spiritual ascent, representing Apostles, martyrs, saints, and the souls of the faithful. Waders and webbed-footed water birds together with fish immediately evoke ideas of baptism. They can represent the members of the Church who have been christened and have found their salvation in the life-giving water.

Medaljon me qen

Medallion with dog

Medaljon me shpend ujor dhe lule

Medallion with water-bird and flowers

The fish on the pavement are strangely few in number, and are curiously concentrated in one area, immediately to the right of the

Medaljon me shpend me të vegjlit e tij

Medallion with bird and chicks

Medaljon me dy peshq të kapur në grep

Medallion with two fish caught on line

krahasojnë besimtarët gati për pagëzim me peshqit që nxirren nga deti i mëkateve. Edhe peshqit e tre medaljoneve mund të interpretohen në këtë mënyrë: si figurat e besimtarëve që i kanë shpëtuar mëkatit nëpërmjet pagëzimit.

Tema më poliedrike e shpëtimit nëpërmjet ujit është shprehur ndoshta edhe në shumë nga bimët me gonxhe të kuqe, që dallohen në disa medaljone dhe në hapësirat e vogla trekëndore që formohen midis medaljoneve. Se për çfarë tipe lulesh bëhet fjalë nuk është e qartë. Po kështu nuk është i qartë as interpretimi i tyre. Por ka mundësi të jenë lule uji, dhe është e mundur të kenë pasur lidhje me idenë e parajsës.

I vetmi element tregimtar në dy zinxhirët me medaljone gjendet në shiritin më të jashtëm, në veri të shatërvanit, ku tre rrathë të njëpasnjëshëm përmbajnë skena gjuetie: një qen i zi që gjëmon një gomar që vrapon drejt një rrjete. Mendimi parë është të interpretohet si skenë gjahu simbolike. Kafsha që ndiqet mund të identifikohet ose me besimtarin që shtyhet nga Krishti në rrjetën e Kishës, ose si vetë Krishti, i ndjekur nga djalli drejt vdekjes dhe më pas drejt ringjalljes. Sidoqoftë duhet pasur shumë kujdes në këto interpretime, sepse ka shumë mundësi që skena të përfaqësojë një gjueti të thjeshtë pa asnjë vlerë simbolike.

Krijesat që mbushin dy rrathët me medaljone në Butrint ndoshta përfaqësojnë të gjithë llojet e gjallesave, rezultat i krijimit të Zotit: kafshët e tokës, zogjtë e qiellit dhe peshqit e detit.

Këto janë krijesat që Zoti nxori nga uji ditën e pestë të krijimit (Gjeneza, 1.20-2). Ato gjithashtu aludojnë për krijim e ri të realizuar nga vuajtja e dhe ringjallja e Krishtit, një imazh që është pjesë e pagëzimit.

Medaljon me bime me lule te kuqe

Medallion with stem with red flowers

main western entrance. The figure of the fish was identified with Christ as early as the 2nd century AD and it was associated with baptism at least since the later part of that century. In one medallion two whale-like fish are caught on two joined lines. These bring to the mind of the viewer the image of Christ and his disciples as the fishers of men who haul the elect in from the sea of sin and the world. Writers like Clement of Alexandria (*Pedagogue* 3.11), Cyril of Jerusalem (*Procatechesis* 5) and Jerome (*Homily* 92) liken initiates at baptism to fish who are lifted out of the sea of sin. The fish in the three medallions should probably be understood in this sense: as types of the initiates rescued from sin through baptism.

The multi-facetted theme of salvation through water may also be expressed in the numerous plants with brilliant red blossoms, which are to be seen in some of the medallions and in many of the little triangular spaces, or spandrels, between the medallions. The identity and particular significance of these flowers is still obscure. But they may be water-plants of some kind and it seems likely that they would have carried paradisiacal associations.

The only narrative element in the two medallion chains occurs in the outer circle, just to the north of the fountain, where three adjacent roundels form a unit showing a hunt, a black hound chasing an ass into a net. It is tempting to interpret this chase symbolically. The hunted creature could be identified either with the faithful believer, chased by Christ into the net of the Church, or as Christ himself pursued by the devil into his death and subsequent

Medaljon me qen, gomar dhe rrjetë

Medallions with dog, wild ass and net

Komentuesit më të hershëm të krishterë u munduan të dallojnë llojet e ndryshme të gjallesave dhe ti organizojnë ato në hierarki. Kafshët e tokës interpretohen nga disa si të paditurit dhe mëkatarët që nuk pendohen për mëkatet e tyre, ndërsa shpendët interpretohen si të drejtët që pendohen për mëkatet e kryera dhe që ndjekin rrugën e Zotit. Cilido qoftë kuptimi i grupimeve të krijesave në dysheme, ka shumë mundësi që të gjitha këto, më një mënyrë apo në një tjetër, të personifikojnë besimtarin e krijimit të ri, të rilindur nëpërmjet pagëzimit dhe eukaristisë, ashtu siç është përshkruar në dy kompozimet e bukura që ndërpresin rrathët në drejtimin kryesor të dyshemesë, përballë hyrjes kryesore. Drejtimi i këtyre krijesave na tregon sesi këto figura duhet të identifikohen me besimtarin e shndërruar nga pagëzimi: të gjitha janë drejtuar nga brenda dhe shikohen drejt nga dikush që gjendet brenda rrathëve dhe largohet nga vaska.

Medaljon me gjel

Medallion with cockerel

resurrection. However, one should be cautious in this kind of interpretation; the sequence may represent just a chase, pure and simple.

The creatures that inhabit the two circling bands of medallion chains at Butrint probably represent the orders of living beings that make up God's creation: earth-bound beasts, the birds of the air and the fish of the sea. These are the creatures that God brought forth from the waters on the fifth day of creation (Genesis 1.20-2). They also evoke the new creation achieved through Christ's passion and resurrection, an image implicit in baptism. Early Christian commentators tended to distinguish between the different orders of living creatures and to arrange them in hierarchies. The beasts were interpreted by some as types of the ignorant and sinful who do not repent, the birds as types of the righteous who do repent and follow the will of God. Whatever the sense may be behind the groupings of creatures on the floor, it is probable that all of them were intended in some way to signify the faithful of the new creation who are reborn and transfigured through baptism and the eucharist, as exemplified in the two brilliant compositions that break through the rings on the principal axis immediately in front of the main door. The very orientation of these creatures suggests that they should be identified with the faithful transformed by baptism: all face inward and are set to be viewed by initiates as they left the font.

Ambienti trapezoidal dhe mozaikët e dyshemesë së saj

Një tjetër mozaik zbukuron sallën trapezoidale, që lidhet me Pagëzimoren në veri-perëndim. Bëhet fjalë për një ambient të madh në muret e të cilit duken gjurmë godinash më të hershme. Hyrja origjinale e lidhte drejtpërdrejt me Pagëzimoren, me anë të një dere; shenjat e derës tjetër vërehen në murin përballë, që aktualisht është ana juglindore e kishës mesjetare. Pjesa më e poshtme e murit ishte e veshur me suva dhe e lyer me bojë të kuqe; nuk mbijeton asnjë shenjë e zbukurimit të pjesës së sipërme.

Mozaiku i dyshemesë ka qenë deri në kohët e fundit i njohur vetëm nga një përshkrim dhe një vizatim i botuar nga Aleksandër Meksi në vitin 1983. Mozaiku është shtruar mbi një shtrat tjegullash të vendosura gati vertikalisht, një teknikë që përdoret shpesh në Butrint në vende ku uji arrin nivele të larta, për të pasur një stabilitet të mirë. Por themelet e ambientit dhe dyshemesë nuk kanë qenë përgatitur

Dyshemeja me mozaik e ambientit trapezoidal

The mosaic pavement in the trapezoidal hall

The trapezoidal hall and its mosaic floor

A second mosaic covers the floor of the trapezoidal hall that adjoins the Baptistery to the northwest. This was a large room with walls incorporating earlier structures. One original entrance connected directly with the Baptistery, with doors that opened into this, and the outlines of another opening are preserved in the opposite wall, which now forms the southeastern flank of a little medieval church. The lower parts of the walls were originally plastered and painted with a red dado; nothing remains of the decoration on their upper surfaces.

The mosaic pavement was until recently only known from a description and drawing published by Aleksandër Meksi in 1983. It is laid on a bed of tiles set at steep vertical angles, in a manner commonly employed at Butrint to ensure stability on a site prone to infiltration from rising water levels. However, the underlying foundations to the floor of the room were not prepared sufficiently

Ambienti trapezoidal dhe Pagëzimorja

The trapezoidal hall and the Baptistery

Detaj i degës së urthit

Detail of ivy scroll

mirë dhe për këtë arsye mozaiku ka krijuar valë dhe gropa në disa vende, me shumë thyerje dhe pjesë të prishura në sipërfaqe. Për më tepër, kubikët e përdorura kanë dimensione të ndryshme dhe nuk janë lidhur me njëra-tjetën në një strukturë aq të mirë sa ajo e pagëzimores pranë.

Dyshemeja e ambientit trapezoidal, ashtu si ajo e pagëzimores, ka si kornizë një degë të pandërprerë urthi që vazhdon përgjatë mureve. Përbrenda kësaj kornize gjenden dy zona të mëdha, njëra pranë tjetrës, secila e ndarë në dy pjesë. Zona juglindore, ajo më afër hyrjes në pagëzimore është e ndarë në një panel me *peltae* (figura me formë gjysmë hëne) të mbështetura njëra me tjetrën, dhe në një panel me dy radhë katrorësh dhe një radhë, qendrore, medaljonesh, me çifte *pelte* që mbushin hapësirat midis këtyre elementëve. Katrorët dhe medaljonet përmbajnë motive të ndryshme; shpendë, degë me fruta dhe gjethe nëpër katrorë dhe lloje të ndryshme yjesh / rozetash nëpër medaljone. Këto dy panele janë rrethuar nga çifte pallonjsh në anë të në ene. Zona tjetër, në veri-perëndim, ajo më larg godinës së pagëzimores, ndahet edhe ajo në dy panele, njëri nga të cilët është i mbushur nga medaljone të vendosur në radhë dhe kolona, të lidhur me njëri-tjetrin nga degë të shkurtra dhe të rrethuar nga pak motive, kurse tjetri ka me një kompozim më të ndërlikuar: forma tetëkëndëshe që thuren me njëra-tjetrën, me në qendër pemë të zeza të stilizuara. Kjo zonë është rrethuar nga dy korniza, më e brendshmja e të cilave është dekoruar nga rrathë dhe katrorë të lidhur midis tyre, ku secili prej tyre ka brenda *peltae* të vogla dhe lule me katër petale. Korniza e jashtme është e zbukuruar nga një zinxhir unazash.

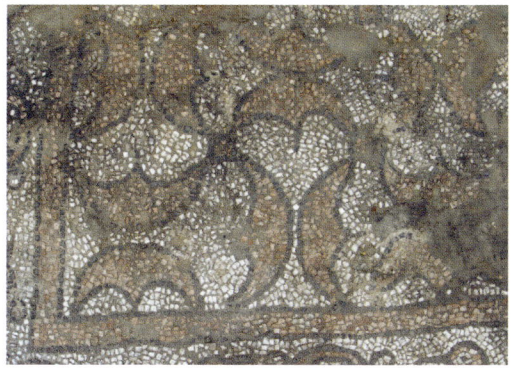 

well at the outset, so that the mosaic now undulates and dips steeply in places, with numerous breaks and losses in the surface. Furthermore, the tesserae used vary greatly in size and are not laid in the tight locking structures that give stability and coherence to the pavement in the adjacent Baptistery.

The pavement, like that of the Baptistery, is framed by a continuous ivy scroll that runs round the walls of the room. Within this are two large areas laid side by side, each subdivided into two. The southeast area nearer the door to the Baptistery consists of one panel of opposed *peltae* (crescent-shaped figures), and another with two rows of squares and a central row of medallions, with pairs of small *peltae* filling the spaces between these elements. The squares and medallions contain various motifs, including birds, branches bearing fruit and leaves in the squares, and varieties of stars/rosettes in the medallions. These two southeast panels are framed by pairs of peacocks flanking vases. The farther, northwest area consists of another two panels, one filled with a grid of medallions joined to each other by short stems, surrounded by little motifs, the other with a complex pattern of interlocking octagons containing stylized black trees. This area is surrounded by two frames, the inner consisting of interlooped squares and circles, each filled with little *peltae* and quatrefoils, the outer frame of a broad ring-chain.

The two panels of this farther, northwest area are separated by a narrow band of white, carrying the remains of an inscription in black tesserae:

♠ ΕΠ[.] CE[...]OY ΕΠΙΣΚ

This would appear to have read επ[ι] Σε[...]ου επισκ(οπου) (under Bishop Se[rgius?]), presumably the bishop who commissioned

Paneli lindor, detaj me peltae

East panel, detail of peltae

Paneli jugor, detaj me katrorë, medaljone dhe peltae

South panel, detail of squares, medallions and peltae

Paneli perëndimor me tetëkëndësh të ndërthurur

West panel with interlocking octagons

Paneli me medaljone të vendosur në radhë

North panel with medallion grid

Dy panelet e zonës veri-perëndimore ndahen nga njëri-tjetri nga një shirit i ngushtë me ngjyrë të bardhë, që ka një mbishkrim, jo të ruajtur plotësisht, i shkruar me kubikë të zinj:

♠ ΕΠ[.] CΕ[...]ΟΥ ΕΠΙΣΚ

Ky mbishkrim mund të lexohet: επ[ι] Σε[...]ου επισκ(οπου) (në kohën kur ishte peshkop Se[rgius?]), ndoshta peshkopi që porositi shtrimin e dyshemesë dhe ndoshta ndërtimin e godinës. Për fat të keq në këtë periudhë, ne njohim emrat e vetëm dy peshkopëve të Butrintit, Stephanus (458) dhe Matthias (516).

Orientimi i shiritit me pallonj, që kurorëzon gjysmën jugore të dyshemesë na tregon se hyrja që e lidhte me pagëzimoren ishte projektuar të ishte hyrja kryesore e ambientit, dhe se këto dy hapësira ishin në lidhje funksionale me njëra-tjetrën. Ambiente të tilla me dyshemë të dekoruara me mozaik, pranë pagëzimoreve, i gjejmë në Basilica Urbana në Salona (Kroaci) dhe në Kishën Perëndimore në Apollonia në Kyrenaika (Libi), por funksionet e tyre nuk janë aspak të qarta. Ky ambient i Butrintit ndoshta ishte *consignatorium*, dhoma në të cilën, sipas ritit të Romës të pagëzimit, besimtarët krezmoheshin, dhe konfirmoheshin nga peshkopi, menjëherë pas pagëzimit. Por në qoftë se këto krezmime kryheshin brenda vetë pagëzimores, atëherë ndoshta ambienti ndoshta ishte një *catechumeneum*, dhoma në të cilën besimtarët që akoma nuk ishin pagëzuar, udhëzoheshin përpara ritit. Por fakti që këto dy ambiente ishin në komunikim me njëri-tjetrin hedh poshtë këtë ide, sepse personat që nuk ishin të pagëzuar e kishin të ndaluar të futeshin në pagëzimore. Një shpjegim tjetër i mundshëm është që kjo dhomë të ketë qenë vendi ku besimtarët që do të pagëzoheshin hiqnin rrobat e tyre të zakonshme përpara se të shkonin drejt vaskës dhe të vishnin veshjen e bardhë që shënonte rilindjen e tyre

Detaj i mbishkrimit midis paneleve veriorë dhe perëndimorë

Detail of inscription between north and west panels

the laying of the pavement and perhaps the construction of the room. Unfortunately the names of only two of the bishops of Butrint from this period are recorded, Stephanus (AD 458) and Matthias (AD 516).

The orientation of the peacock frieze, which frames the southern half of the pavement, suggests that the room was designed to be entered principally through the door from the Baptistery and that the two spaces had closely related functions. Similar rooms with ornate mosaic floors adjoining baptisteries are to be found at the Basilica Urbana at Salona (Croatia) and at the West Church at Apollonia in Cyrenaica (Libya), but their functions are by no means clear. The hall at Butrint may have been designed as the *consignatorium*, the room in which, following the Roman rite of baptism, initiates were anointed and confirmed by the bishop immediately after their baptism. However, if these were confirmed immediately after baptism, in the Baptistery itself, then the hall may have served as a *catechumeneum*, the room in which candidates received instruction before baptism. But the direct communication with the Baptistery, from which the un-baptised are thought to have been strictly excluded, makes this identification unlikely. Another possible explanation is that this was the chamber in which the candidates for baptism could divest themselves of their worldly garments, before going to the font and putting on pure white robes to mark their spiritual rebirth. In this

Detaj i panelit lindor me pallua dhe kantharos

Detail of east panel with peacock and kantharos border.

shpirtërore. Në këtë rast dhoma do të kishte të njëjtin funksion të kapelës të shekullit V të Pagëzimores së Lateranos në Romë, e njohur me emrin Sanctus Johannes ad Vestem.

Siç është vënë re dyshemeja e kësaj dhome ndryshon shumë me atë të pagëzimores. Së pari, në përzgjedhjen e materialit dhe prerjen e kubikëve: vihet re mungesa e kubikëve prej xhami të kuq të ndezur, që krijon një efekt kaq të bukur në pagëzimore. Përveç kubikëve të bardhë, të zinj dhe rozë, janë përdorur edhe shumë kubikë të kuq të prerë nga tjegulla, që i japin një efekt të ndryshëm të gjitha ngjyrave të skemës së dyshemesë. Së dyti, vihen re ndryshime edhe në dimensionet e kubikëve dhe në mënyrën se si ato janë fiksuar në dysheme. Kubikët kanë dimensione të mëdha, nuk janë të lidhur ngushtë me njëri-tjetrin, dhe duken gati të vendosur në mënyrë të rastësishme. Duket sikur qëllimi kryesor ka qenë të ndërtoheshin format kryesore e më pas të mbusheshin hapësirat boshe me ngjyra. Kubikët nuk janë renditur në strukturën cilësore dhe të qëndrueshme të pagëzimores. Së treti, ka një ndryshim të theksuar në stil, në mënyrën se si motivet e ndryshme të mozaikut janë krijuar dhe formuar. Në ndryshim nga dyshemeja e Pagëzimores, e matur dhe e renditur mirë, këtu pamja dhe vizatimi i mozaikut janë shumë të çrregullta; kornizat, shiritat dhe motivet ndryshojnë shumë në forma e dimensione midis tyre. Ky fenomen shihet qartë në anën veri-lindore, ku bordura e jashtme e dekoruar me degën e urthit, ka një gjerësi dy herë më të madhe se ajo e këndeve të tjerë.

Në këtë kompozim artizanët janë kujdesur që të mos linin hapësira boshe, dhe vëmendje të veçantë i është kushtuar intensitetit të

Detaj i këndit veri-lindor të ambientit të zbukuruar me degë urthi në të dy anët e përforcimit të murit

Detail of northeast side of room showing ivy scrolls on either side of buttress

case the room would be the equivalent of the 5th-century lateral chapel at the Lateran Baptistery in Rome known as S. Johannes ad Vestem.

As has been noted, the pavement in this hall differs considerably from that of the Baptistery. First, in the choice and formation of material for the tesserae: there is an absence of the bright glass cubes that create such striking visual accents in the Baptistery. In addition to white, black and pink, there is quite extensive use of red tesserae cut from fired clay tiles, giving a different effect to the overall colour scheme of the pavement. Secondly, there are differences in the size of the tesserae and in the manner of their laying. The cubes vary greatly in size and are set in loose sequence in a somewhat casual fashion, seemingly with the principal intention of tracing the shapes of the design and of filling each particular area with colour. They are not laid in the tightly structured and stable arrangements found in the Baptistery. Thirdly, there is a marked difference in style, in the manner in which the various motifs included in the mosaic are made up and shaped. Unlike the more carefully measured and ordered pavement of the Baptistery, here the layout and design of the mosaic is exceedingly irregular; borders, bands and motifs all vary dramatically in size. This is nowhere more apparent than on the northeast side of the room, where the outer ivy-trail border on either side of the projecting central buttress varies in width by a factor of 1:2.

Detaj i këndit veri-perëndimor të ambientit

Detail of northwest corner of room

ngjyrës, edhe pse ngjyrat në dispozicion nuk ishin shumë. Kjo duket qartë në kontrastin midis sfondeve të ngjyrave të bardhë dhe rozë të kornizës së jashtme me degë urthi dhe në pranëvendosjen e së zezës, të kuqes dhe rozës në bordurat e kornizave dhe në elementët dekorativë. Kjo vëmendje për efektet kromatike duket edhe brenda paneleve; për shembull, në realizim e fushës së bardhë të kornizës me degën së urthit, përfshirja e kubikëve blu-gri dhe të verdhë të zbehtë midis llojeve të ndryshme të së bardhës, ka dhënë si rezultat një lojë ngjyrash shumë të gjallë.

Këto ndryshime mes dy mozaikëve bënë që Aleksandër Meksi, i cili shqyrtoi mozaikët në vitet 1970, të mendojë se dyshemeja ishte jo vetëm vepër e një grupi mozaiçistësh të ndryshëm nga ai që punoi në pagëzimore, por edhe që këtu punimet janë më të vona si datë, se ato të pagëzimores. Për sa i përket konsideratës së parë s'ka asnjë dyshim: dy dyshemetë janë vepër e dy grupeve artizanësh të ndryshëm. Datimi relativ është më i vështirë për tu përcaktuar. Tipet e motiveve që përdoren në mozaikun e ambientit trapezoidal, edhe pse më të detajuar, janë të njëjtët që përdoren në fundin e shekullit V dhe në fillimin e shekullit VI në të gjithë Epirus Vetus, provincën e antikitetit të vonë së cilës i përkiste edhe Butrinti. Në të vërtetë repertori që përdoret këtu është shumë i ngjashëm me atë fqinj. Por është e mundur që mozaiku në ambientin trapezoidal të jetë shtruar pak a shumë në të njëjtën kohë me atë të pagëzimores, ose të jetë realizuar një apo dy dekada më vonë.

The emphasis throughout the floor is on diversity and density of design, and on intensity of colour – despite the limited range. This is readily apparent both in the dramatically contrasted pink and white backgrounds of the outer framing ivy trail, and in the juxtaposed black, red and pink framing borders and decorative elements. This preoccupation with chromatic effect is evident even within individual fields; for instance, in the make-up of the white ground of the ivy border, a liberal inclusion of blue-grey and pale yellow tesserae among the various hues of white results in a subtle and very lively play of colour.

These differences led Aleksandër Meksi, who examined this mosaic in the 1970s, to consider the pavement not only to be the work of a different team of mosaicists from the Baptistery, but also to be somewhat later in date. Of the former there can be little doubt, the two pavements are certainly the work of two distinct workshops. Their relative date is, however, more difficult to determine. The range of patterns deployed in the trapezoidal hall is a more richly detailed, but essentially typical, variant of the repertoire commonly used in the later 5th and early 6th centuries by mosaicists in Epirus Vetus, the late Roman province to which Butrint belonged. Indeed, it shares features in common with the visual repertoire used next door. Hence, it is equally possible that the mosaic in the trapezoidal hall was laid at more or less the same time as that in the Baptistery or that it was fashioned a decade or two later.

Detaje të bordurave me motive të dendura shumëngjyrëshe

Details of borders showing density of design and colour

Përkufizimi i hapësirës rituale

Dyshemeja e pagëzimores së Butrintit ishte projektuar jo vetëm për të krijuar një vend të përshtatshëm për ritin e pagëzimit, por edhe për të artikuluar funksionin liturgjik të hapësirës. Ashtu si dy panelet përballë hyrjes kryesore formojnë aksin kryesor nga hyrja drejt shatërvanit, në të njëjtën mënyrë janë përdorur elementë të tjerë për të përcaktuar akse, drejtime dhe zona të tjera, përbrenda godinës.

Në vizatimin e disa kafshëve në medaljonet e ndërthurura janë përdorur kubikë xhami shumëngjyrëshe me shkëlqim, të cilat bien në kontrast me ngjyrat e tjera më të zbehta të dyshemesë, duke tërhequr në këtë mënyrë vëmendjen e vizitorit. Këto gjenden mbi ose afër drejtimeve që shënojnë pikat e horizontit. Një grumbull i dendur shpendësh me ngjyra të shndritshme gjenden në sektorin veri-lindor, përballë shatërvanit; dhe një pallua (një herë e një kohë) me shkëlqim është vendosur pranë aksit veri-perëndimor, përballë kalimit që shpie në ambientin trapezoidal.

Një tjetër shpend me shkëlqim, një ibis me pulpa të kaltra, gjen vend në aksin jug-lindor, në të djathtë të vaskës. Ky, së bashku me një bimë ujore të mrekullueshme me tre lule në një nga medaljonet e unazës së brendshme, paralajmëron një sektor të zbukuruar me motive që nuk gjenden në asnjë vend tjetër në zinxhirët me medaljone. Bëhet fjalë për

Pagëzimorja

The Baptistery

The definition of ritual space

The pavement of the Baptistery was designed not only to provide an appropriate setting for the rite of baptism, but also to articulate the liturgical functioning of the space. In the same way that the two compositions in front of the main entrance establish the principal axis from the entrance to the font and on to the fountain beyond, so other devices are deployed to define other axes, routes and areas in the building.

Bright polychrome glass tesserae are used for certain animals in the medallion chains, contrasting brilliantly with the limited and somewhat muted colours of the other parts of the floor, and catching the attention of the visitor. These tend to lie on or close to the cardinal axes. A dense cluster of brightly coloured birds can be seen in the north-eastern sector in front of the fountain; and a (once) shining peacock is placed close to the north-western axis, in front of the door that leads into the adjoining trapezoidal hall.

Another strikingly coloured bird, an ibis with brilliant turquoise plumage, is sited on the south-eastern axis, to the right of the font. This, together with a magnificent water-plant with three red flowers in the inner ring of medallions, announce a sector articulated with motifs found in no other parts of the medallion chains. These are

Medaljon me ibis

Medallion with ibis

Medaljon me lule dhe motiv fushë-shahu

Medallion with flower and chequerboard patterns

rombe dhe trekëndësha të mbushur me kuadrate shumëngjyrëshe të vendosura në formë fushe shahu. Në unazën më të jashtme hapësira midis kolonave ka në njërin krah një romb të madh, në tjetrin një romb të vogël të rrethuar nga katër trekëndësha që japin idenë e një luleje me katër petale. Në unazën e brendshme hapësirat midis medaljoneve janë mbushur me trekëndësha të vegjël me ngjyra jo të ndezura. Në shikim të parë këto zbukurime si fushë shahu mund të duken si variante të

Medaljon me romb të zbukuruar me motiv fushë-shahu

Medallion with chequerboard lozenge

Medaljon me motiv fushë-shahu

Medallion with chequerboard pattern

lozenges and triangles filled with a polychrome chequerboard pattern: in the outer ring the bay is framed on one side by a large lozenge, on the other by a small lozenge surrounded by four triangles to give an outline of a four-petalled flower; in the inner ring, little vibrantly coloured triangles fill the spandrels between the medallions. At first sight, these multicoloured chequered accents appear to be only minor variations in a multitudinous and somewhat confusing collection of

Medaljone të ndërthurur të zbukuruar me motiv fushë-shahu, përreth vaskës

Interlocking medallions with chequerboard pattern around font

Pamje përgjatë anës jug-lindore

View along southeastern bay

vogla në një përmbledhje më të madhe elementësh. Megjithatë kuptimi, dhe roli i tyre i dorës së parë është më i qartë po të konsiderohen në kontekstin e të gjithë dekorimit të dyshemesë. Ky zbukurim si fushë shahu, përveç se në këtë pikë, përdoret vetëm në një vend tjetër në dysheme: në shiritin e gjerë që rrethon vaskën. Kështu realizohet një lidhje midis kësaj zone jug-lindore dhe zonës më të rëndësishme të godinës, zonës së vaskës pagëzimore në qendër të godinës. Hapësira midis kolonave që rrethohet nga këto motive, ishte me siguri e rezervuar për ndonjë funksion të veçantë. Mund të ketë qenë vendi ku qëndronte peshkopi gjatë ceremonisë, ose, në qoftë se krezmimi realizohej brenda pagëzimores, ky mund të ketë qenë vendi i fronit të peshkopit. Peshkopi kishte rolin kryesor në ritin e pagëzimit dhe në

Pamje e aksit verior drejt dhomës së shërbimit

View of northern axis toward ancillary room

elements. However, their significance and the dignity they signify become apparent when they are seen in the context of the rest of the floor. Other than in this area, this type of chequerboard pattern is used in only one other place: in the wide innermost band surrounding the font itself. In this way a critical relationship is established between this southeastern sector and the all-important font at the centre. The bay between the two rings of columns framed by these motifs presumably was designated for some special function. It may have been the place where the bishop stood during the ceremony or, if confirmation was administered in the Baptistery itself, this may have been the site of the bishop's throne. The bishop played the principal role in the baptismal rite and in the subsequent anointing of the

Medaljon me lejlek në aksin verior

Medallion with wading bird on north axis

krezmimin e besimtarit që realizohej fill pas këtij. Ndoshta nuk është e zakonshme që vendi ku rrinte peshkopi të shënohej në dysheme, por duke konsideruar ritin ka shumë kuptim që të caktohet vendi i nevojshëm për shërbimin fetar.

Një vëmendje e veçantë i është kushtuar edhe aksit midis shatërvanit dhe hyrjes në ambientin e vogël në këndin verior të godinës. Në zinxhirin e jashtëm me medaljone të kësaj zone të katër medaljonet janë mbushur me lejlekë, shpendë që lidhen ngushtë me ujin e jetës. Në të vërtetë, këto medaljone – dhe elementët në shiritin me unaza të lidhura me njëra-tjetrën rreth vaskës – janë rrethuar nga një rresht me kubikë te kuqe, që i japin një theks të veçantë ngjyrave në këtë aks. Po në këtë sektor gjendet edhe anomalia e vetme në përdorimin e zbukurimit fushë shahu në shiritin më të ngushtë, afër vaskës: një margaritë e madhe me gjashtë petale. Të gjithë këto elementë duket sikur tërheqin vëmendjen drejt dhomës së vogël në këndin verior, e cila ndoshta ka pasur një rol të veçantë në funksionet liturgjike të pagëzimores – ndoshta si dhomë veshjeje për besimtarët, ose si dhomë shërbimi për klerikët.

initiate. It may have been unusual practice for the station of the bishop to be identified in the design of the pavement, but it would have made good sense in the light of the function the space was required to serve.

Emphasis is also laid on the northern axis between the fountain and the door to the little ancillary room in the north corner of the building. In the outer medallion chain of this area all five medallions contain wading birds, creatures intimately associated with the water of life. Indeed, these medallions – like the elements in the band of interlaced rings around the font – are framed by an extra row of red tesserae adding an emphasis of colour to this axis. In this sector of the innermost ring around the font the one exception to the use of chequerboard patterns is also to be found: a prominent six-petalled pink daisy. All of these features would appear to draw attention to the little north corner room, which must have played some important role in the liturgical functioning of the Baptistery – possibly as a vesting chamber for initiates or as a sacristy for the clergy.

Medaljon me lejlek me qafë të gjatë në aksin verior

Medallion with long-necked wading bird on north axis

Dekorim me shpendë

Spandrels with birds

Struktura hierarkike e ndërtesës dhe funksionet e saj liturgjike zhvillohen më tej në përzgjedhjen e motiveve që mbushin hapësirat midis medaljoneve. Në zinxhirin më të vogël me medaljone, në zonën prapa vaskës dhe përballë shatërvanit, hapësirat janë mbushur me shpendë të vegjël. Në anën jugore, ndërmjet hyrjes kryesore dhe 'vendit të peshkopit' këto hapësira janë mbushur me bimë me lule të kuqe, dhe në anën perëndimore (midis hyrjes kryesore dhe derës që shpie në ambientin trapezoidal) këto janë mbushur me valë të vogla ngjyrë rozë. Shpendët, me sa duket, karakterizojnë një zonë me vlerë të veçantë, që ka mundësi të përkojë me zonën më të shenjtë të kishës. Lulet e kuqe shënojë ndoshta rrugën që peshkopi ndiqte nga hyrja kryesore drejt vendit të tij në aksin jugor – po në këtë anë gjenden edhe tre medaljone me peshq. Valët ka mundësi të shënojnë vendin, midis hyrjes kryesore dhe hyrjes në ambientin trapezoidal, që ndoshta ishte rezervuar për kandidatët për pagëzim, shoqëruesit dhe dëshmitarët e tyre që merrnin pjesë në këtë rit.

Edhe motivi me valë të vogla, që gjendet kudo në dysheme, është shpërndarë në një mënyrë të tillë që duket se i jep një drejtim të caktuar

The hierarchical structure of the building and its liturgical functions are further articulated in the choice of motifs that fill the spaces, or spandrels, between the medallions. In the inner medallion chain, in the area behind the font and in front of the fountain, the spandrels are filled with small birds. In the southern part, between the principal door and the site of the 'bishop's throne', they are filled with red flowering plants, and in the western area (between the main entrance and the door to the trapezoidal hall) they contain little pink waves. The birds would appear to define an area of particular sanctity, one which might be thought of as corresponding to the sanctuary of a church; the red flowers frame the route that the bishop might have taken from the main door to his place on the southern axis – the three medallions with fish also lie on this path; and the waves were reserved for a sector, between the main door and the door leading into the adjacent trapezoidal hall, which may principally have been used by catechumens, and by their sponsors and witnesses, participating in the rite.

Even the little wave motifs, which are ubiquitous throughout the

Dekorim me lule

Spandrels with flowers

Dekorim me valë

Spandrels with waves

gjithë kompozimit. Në zinxhirin më të vogël këto valë ndjekin drejtimin e akrepave të orës, duke drejtuar shikimin e vizitorit nga hyrja kryesore drejt ambientit trapezoidal e më pas drejt shatërvanit. Në zinxhirin më të madh, në të cilin këto valë mbushin zakonisht hapësirat midis medaljoneve, ato gjenden përreth anëve të ambientit, kryesisht në drejtim të kundërt të akrepave të orës, edhe pse në zonën e shatërvanit dhe në këndin verior të ambientit, ato kthehen në drejtimin tjetër. Sa më shumë që i afrohen vaskës aq më shumë numri dhe dimensionet e valëve rriten. Në këtë mënyrë, pra, gati fshehurazi, mozaiçistët kanë përdorur metoda të ndryshme për të artikuluar efektin pamor të dyshemesë.

Në qoftë se analiza e mësipërme është e saktë, atëherë dyshemeja është projektuar dhe realizuar duke pasur shumë kujdes për simbolizmin. Një nga detyrat e saj kryesore ishte përcaktimi dhe artikulimi i hapësirës së brendshme të pagëzimores, me anë të elementëve pamorë, si një teatër në të cilin të gjithë aktorët, peshkopi, klerikët, besimtarët, familja dhe shoqëruesit e tyre, duhet secili të luante pjesën e vet, në një ceremoni dhe liturgji shumë të ndërlikuar.

Pamje përgjatë anës së dyshemesë drejt shatërvanit, të zbukuruar me motivin me valë

View along the edge of pavement to the fountain showing the wave motif

pavement, are arranged in such a way as to impart an almost imperceptible directional emphasis to the design. In the inner ring they run clockwise, leading the eye round past the door to the adjacent hall towards the fountain. In the outer medallion chain, in which they fill every space between the medallions, they roll round the edge of the room mainly in an anti-clockwise direction, though in the areas of the fountain and the northern corner room they turn back in reverse. As they approach the fountain, both the number and size of wavelets increases. In this way, understated, almost subliminal, methods were employed by the mosaicists to articulate the visual impact of the floor.

If the foregoing analysis is correct, it would appear that the pavement must have been designed with considerable forethought and laid with great care. One of its chief purposes was to define and articulate in subtle visual ways the interior space of the Baptistery as a theatre in which considerable numbers of participants, the bishop, the clergy, the initiates and their relatives and sponsors all had to play their parts in an elaborate and complex liturgy and ceremonial.

Pamje përgjatë anës veriore, rruga e kandidatëve për pagëzim

View along northern bay, the catechumens' path

Pamje përgjatë anës jugore, rruga e peshkopit

View along southern bay, the bishop's path

Mozaiku në imtësi

Figurat e shumta në medaljonet e mozaikut të pagëzimores ka mundësi të jenë konceptuar si njësi më vete, një grup i mrekullueshëm kafshësh, të zakonshme dhe ekzotike. Sidoqoftë, po të konsiderojmë kontekstin pagëzimor dhe traditën shumë të përhapur të shkrimtarëve të krishtërimit të hershëm të cilët flasin për botën natyrore gjithmonë në mënyrë alegorike, ka shumë mundësi që kafshët të kenë pasur edhe ato kuptime simbolike për shumicën e vizitorëve të kohës. Imazhe të këtij lloji përdoreshin gjerësisht gjatë Antikitetit të vonë, për t'i transmetuar vizitorit jo vetëm formën e jashtme të figurave, por edhe kuptimet simbolike dhe idetë që ato mund të mbartnin.

Gjelat
Gjelat paralajmërojnë lindjen e ditës së re dhe janë simbol i rilindjes dhe ringjalljes. Vërehet qartë se si dy medaljonet me gjela janë vendosur në mënyrë që besimtarët që largohen, domethënë ata që sapo kanë filluar një jetë të re, t'i kenë përpara tyre.

Ena kantharos
Kjo enë shërbente për mbajtjen e verës, ashtu siç tregojnë edhe degët e rrushit që dalin prej saj. Vera simbolizon gjakun e Krishtit, që përdorej në ritualin e eukaristisë dhe bënte të mundur që besimtari të merrte pjesë në vdekjen dhe ringjalljen e Krishtit. Vendosja e këtij simboli përballë vaskës është bërë për të treguar sesi pagëzimi dhe eukaristia janë dy ritet e shenjta kryesore të Kishës së Krishtere.

*Mozaiku ndërmjet hyrjes
dhe vaskës*

*Mosaic between the
entrance and the font*

The mosaic in detail

The myriad creatures in the medallions of the Baptistery mosaic may well have been designed to be enjoyed for themselves, a wonderfully various assembly of animals both common and exotic. However, given the baptismal context and the widespread tradition among early Christian writers of referring to the natural world in allegorical terms, it seems probable that the animals would have had symbolical associations for many contemporary observers. Imagery of this kind was widely employed in Late Antiquity to alert the viewer to consider not only the obvious natural forms represented but also to look behind them to the ideas that they could embody.

Cockerels
Cockerels announce the breaking of a new day and hence function as symbols of rebirth and resurrection. Note how the two medallions are placed so that they face the initiates as they leave the building; that is, as they emerge into a new life after baptism.

Kantharos vase
The vase is a vessel for wine, as indicated by the vines and grapes that spring from it. Wine is the symbol of the blood of Christ, used in the ritual of the eucharist to enable the faithful to participate in Christ's saving death and resurrection. Placed in front of the font it highlights baptism and the eucharist as the two fundamental sacraments of the Christian Church.

Dy gjela; vazo Kantharos

Two cockerels; kantharos vase

Pallonjtë

Pallonjtë janë simbole të Parajsës dhe të jetës së përhershme. Mendohej se trupi i zogut nuk prishej pas vdekjes, dhe bishti i tij i hapur interpretohej si simbol i ripërtëritjes dhe rilindjes. Pullat me ngjyra të puplave të tij krahasoheshin me krahët e Kerubinëve, sërës më të lartë të engjëjve, që thuhej të ishin të mbuluar me sy.

Drerët

Drerët zakonisht simbolizojnë besimtarin që kërkon Zotin. Drerët janë lidhur me shpirtin e besimtarit që dëshiron Zotin ashtu si dreri dëshiron ujin e burimit. Për këtë arsye dreri, në imazhet e krishtera, përfaqësohet shumë shpesh duke pirë ujë në ndonjë burim apo përrua.

Shatërvani

Shatërvani është një simbol i ndërlikuar që lidhet zakonisht me lumenjtë e Parajsës, me pagëzimin dhe me Krishtin, fjalët e të cilit identifikohen me ujin e jetës së përhershme. Shatërvani në formë peme ndoshta flet për rritjen dhe forcën e përtëritjes - me kryqin sipër si simbol të shndërrimit fitues dhe rinovimit.

Bimët

Bimët me lule të kuqe janë një element që përdoret shpesh në mozaikët e dyshemeve, por forma e tyre e stilizuar vështirëson shumë identifikimin e tyre. Ndoshta përfaqësojnë idenë e bollëkut dhe livadhet e Parajsës, ose ka mundësi të interpretohen si lule ujore – dhe në këtë rast lidhen drejtpërdrejt me pagëzimin.

Lule

Flowers

Peacocks
Peacocks were symbols of Paradise and everlasting life. The flesh of the bird was thought not to decay after death and the spectacular display of the peacock's tail was seen as a symbol of renewal and rebirth. The striking markings in the feathers were compared to the wings of Cherubim, the highest order of angels, filled with eyes.

Stags
Stags or deer commonly represented the faithful who desire their Lord. The stag is likened to the soul of the believer longing for God, just as the animal thirsts for springs of water. The stag in Christian imagery, therefore, is most often shown drinking from a spring or stream.

Fountain
The fountain is a complex symbol alluding to the rivers of Paradise, to baptism and to Christ, whose words were identified with the water of everlasting life. The tree-like form of the fountain may be designed to suggest enduring growth and the strength of regeneration – with the cross above a symbol of victorious transformation and renewal.

Plants
Plants with vivid red flowers are a constantly recurring element in the decoration of the mosaic floor, although their stylized form makes their identification difficult. They may represent the idea of new life and the meadows of Paradise, possibly as water-plants – particularly appropriate in the context of baptism.

Dy pallonj; dre; drerë në burim

Two Peacocks; stag; stags at Fountain

Shpendët

Shumica e shpendëve të pranishëm brenda dhe rreth medaljoneve mund të lidhen me parajsën, si për shembull pallonjtë, ose me pagëzimin, si për shembull shpendët e ujit. Ata mund të përfaqësojnë besimtarët e pagëzuar ose persona të tjerë me spiritualitet të lartë, si dëshmorët, shenjtorët ose apostujt. Disa prej tyre shoqërohen me të vegjlit ose me lule, dhe simbolizojnë mbrojtjen e Kishës, krijimin e ri, dhe botën që do të vijë.

Ibis

Ibis, me pulpat e tij të kaltra, dhe me sqepin e gjatë është një shembull i mirë i shumëllojshmërisë së shpendëve të përfaqësuar në mozaik. Si shpend uji figura e tij i kujton vizitorit funksionin kryesor të ndërtesës. Ky shpend është shumë i përshtatshëm si shoqërues i fronit të peshkopit (që mendohet të kishte qenë këtu afër), po të konsiderojmë dinjitetin e pozës së tij.

Kafshët e tokës

Këtu përfshihen krijesa të çdo lloji: luanë, leopardë, dema, kuaj, dele, pata dhe lepuj. Këto ndoshta përfaqësojnë mëkatarin dhe të paditurin, por në shumëllojshmërinë e tyre mund edhe të përfaqësojnë shumëllojshmërinë e Parajsës. Në të vërtetë janë himn i botës natyrore, përfshirë edhe heroin ekzotik (luanët, leopardët, demat), edhe njeriun e zakonshëm dhe të përditshëm (dele, pata, lepuj), dhe janë një himn për gjithë krijimin e Zotit.

Ibis; lejlekë

Ibis; wading birds

Birds
Most of the birds shown in and around the medallions can be linked to Paradise, like the peacocks, or to baptism, like the water birds. They may represent those already christened and those of high spiritual understanding: martyrs, saints, the apostles. Some are shown with chicks or flowers suggesting the protection of the Church, the new creation and the world to come.

Ibis
The ibis with its turquoise plumage and long red beak is a particularly fine example of the variety of birds included in the mosaic. As a water bird it reminds the viewer of the purpose of the building, and in its finery and dignified pose it would have been a fitting accompaniment to the bishop's throne that is thought to have been located nearby.

Land animals
These include creatures of all kinds: lions, leopards, bulls, horses, sheep, goats and rabbits. They may represent the sinful and the ignorant, but in their diversity they could also represent the multitudes in Paradise. Indeed, they are celebrations of the natural world, from the exotically heroic (lions, leopards, bulls) to the familiar and everyday (sheep, goats, rabbits), and constitute a celebration of all God's creation.

Kafshë të tokës (luan, dre, gomar)

Land animals (lions, deer, donkey)

Peshqit
Peshku është një nga simbolet më të vjetra të Krishtit, meqenëse shkronjat e para të fjalisë 'Jezu Krishti, Djali i Perëndisë, Shpëtimtar' po të shkruhet në greqisht formojnë fjalën ICHTHYS, peshk. Në këtë kontekst, peshku personifikon edhe besimtarin që kapet dhe shpëtohet nga pagëzimi, duke ndjekur figurën e Krishtit dhe dishepujve të tij si peshkatarë njerëzish.

Qeni, gomari dhe rrjeta
Sekuenca e tre medaljoneve nuk është shumë e qartë. Është ndoshta rrjeta, rrjeta e shpëtimit të Kishës, e cila e kap besimtarin e krishterë të ndjekur nga mëkati? Apo qeni i zi është vetë djalli që përpiqet, por në fund dështon, të kapë në rrjetë Krishtin? Apo, ndoshta, kjo skenë nuk është tjetër gjë nga ç'duket në shikim të parë: një skenë jete të përditshme nga jeta fshatare e periudhës?

Zbukurimi si fushë shahu
Vetëm dy rrathë paraqesin zbukurime abstrakte, dhe të dy këto përdorin motivin fushë shahu. Ky motiv shfaqet edhe brenda disa medaljoneve, dhe në vizatimin e ndërlikuar që gjendet rrotull vaskës. Është përdorur, padyshim, për të tërhequr vëmendjen drejt dy zonave kryesore të ndërtesës, vaskës dhe ndoshta vendit të fronit të peshkopit.

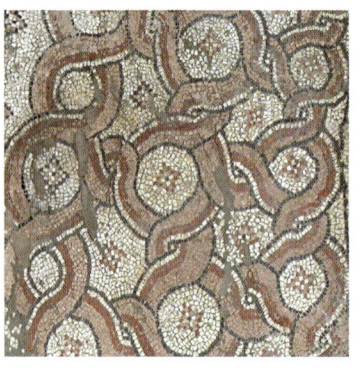

Medaljone të ndërthurur me motiv fushë-shahu

Interlocking medallions with chequerboard designs

Fish

The fish is one of the earliest symbols of Christ since the first letters of the words 'Jesus Christ, God's Son, Savior' when written in Greek spell the word ICHTHYS, or fish. Here the fish must also refer to the faithful caught and saved through baptism, following the image of Christ and his disciples as fishers of men.

The hound, the ass and the net

This sequence of three medallions is striking if enigmatic. Is the net the safety net of the Church, which catches up the Christian believer pursued by sin? Or is the black dog the devil trying, but ultimately failing, to net Christ. Or is the group simply what it appears to be, a dramatic moment recognisable from everyday life in the late Roman countryside?

Chequerboard patterns

Only two roundels contain abstract designs, and both uses polychrome chequerboard patterns. The pattern also be appears between certain medallions, and in the complex design that frames the font. It was clearly used to draw attention to two of the principal areas within the building, the font and probably the bishop's throne.

Peshk; qen gjahu; gomar i egër; rrjetë

Fish; hound; wild ass; net

Margarita
Në kompozimin e ndërlikuar përreth vaskës motivi fushë shahu ka vetëm një përjashtim: një margaritë me gjashtë petale rozë. Kjo shënon drejtimin që të shpie në një ambient në këndin verior të pagëzimores, që ndoshta shërbente si ambient shërbimi për klerikët.

Pelta
Ky motiv i veçantë gjysmë hëne, merr formën e vet nga një tip mburoje, që ne antikitet mbahej nga heronj apo personazhe të mitologjisë. Motivi është përdorur shumë në ambientin trapezoidal, duke i dhënë forcë pamore të gjithë dyshemesë, dhe lidhet, ndoshta, me ide triumfale suksesi dhe fitoreje.

Urthi
Degët e valëzuara të urthit formojnë korniza të bukura në pagëzimore dhe në ambientin trapezoidal. Bima gjithmonë e blertë dhe e fuqishme është një simbol i rritjes kacavjerrëse dhe bollëkut të parajsës, dhe për më tepër i shton dyshemeve lëvizje dhe energji.

Motivi i valës
Zonat e mbushura me motivin e valëve ndoshta përkufizojnë zonat e rezervuara për besimtarët, ashtu si zonat me shpendë përkufizojnë zona më të shenjta se të tjerat, dhe po ashtu si lulet përkufizojnë rrugët e peshkopit. Këto valë të vogla i shtojnë dyshemesë energji dhe i japin asaj drejtim. Është për tu vërejtur se si ato ndjekin njëra-tjetrën duke ndjekur muret kryesore; afër vaskës ato shtohen në numër dhe paraqesin dimensione më të mëdha, duke vënë mirë në pah pikën më të rëndësishme të pagëzimores.

Motive me valë

Wave motifs

Daisy
In the interlocking design around the font there is a single exception to the use of chequerboard patterns: a six-petalled pink daisy. This marks the axis leading to a room in the northern corner of the Baptistery that may originally have served as a sacristy for the clergy.

Pelta
The particular crescent-shape of this motif was modelled on a shield type, which in antiquity was associated with a heroic or mythological past. Used extensively in the trapezoidal hall *peltae* add a vigorous visual complexity to the design and may carry triumphal associations of success and victory.

Ivy
The undulating bands of ivy trails form handsome framing borders in the Baptistery and adjoining trapezoidal hall. The evergreen and vigorous plant is an effective symbol of rampant growth and paradisical abundance, which also adds energy and movement to the pavements.

Wave motif
Areas filled with wave motif may indicate spaces reserved for the catechumens, just as birds indicated an area of particular sanctity, and flowers mark the route reserved for the bishop. These little waves add energy and direction to the pavement. Note how they roll along following the outer wall; near the fountain they multiply in number and size subtly emphasising the symbolic focal point of the Baptistery.

Margaritë; peltae; *urthi;*
motiv fushë-shahu

Daisy; peltae; *ivy;*
chequerboard design

83

Mozaikët në Butrint gjatë antikitetit të vonë

Dyshemeja e pagëzimores së Butrintit, e madhe në konceptim, gjeniale në vizatim dhe e imët në detaje, duhet të ishte, me siguri, skema kryesore e imazheve në këtë ndërtesë. Ka pak të ngjarë që muret të kishin skema dekorative dhe programe figurative të rëndësishme. Dy rreshtat me kolona ndërprisnin vazhdimisht shikimin, duke ndarë sipërfaqet e mureve në imazhe më të vogla. Për më tepër i gjithë ambienti vështirë se ndriçohej mirë. Për fat të keq mbijetojnë pak fragmente të zbukurimeve me pikturë të mureve. Bëhet fjalë për fragmente të vogla *in situ* ose për fragmente suvaje të kuqe të zbuluara në vitet 1920 e 1930. Nuk kemi asnjë të dhënë për të rindërtuar dekoret e mureve të godinës, por ka shumë mundësi që pjesa e poshtme e tyre të ishte e lyer duke imituar mermere shumëngjyrëshe, dhe pjesa më e lartë ndoshta ishte e dekoruar me skena tregimtare ose, ndoshta, me skema të thjeshta zbukuruese.

Një vëmendje të tillë për imazhet dhe zbukurimet e gjejmë edhe në dysheme të tjera të kësaj periudhe në qytetin e Butrintit. Brenda qytetit, ruhen fragmente mozaikësh dyshemeje në dy godina të tjera të shekullit të VI, në Bazilikën e madhe dhe në kishën mbi akropol. Në Bazilikën e madhe, dyshemeja e dekoruar me degë urthi dhe

Bazilika e madhe, detaj i mozaikut

The Great Basilica, detail of mosaic

Mosaics at Butrint in Late Antiquity

Grand in conception, ingenious in design and subtle in detail, the pavement of the baptistery was probably always intended to be the principal scheme of imagery in the building. It is unlikely that the walls would have carried elaborate programmes of figural imagery. The double rings of columns would have created a screen-like effect fragmenting any view of the wall-surfaces, in an interior that can never have been brightly illuminated. Unfortunately little of the painted decoration of the building survives, either *in situ* or in the fragments of red painted plaster found in the 1920s and 1930s. We will never know how the walls of the building were decorated, but it is likely that their lower parts were painted in imitation of polished polychrome marble, and the upper surfaces possibly with narrative scenes but perhaps most likely with a purely ornamental scheme.

A similar explicit focus of imagery and ornament on the floors of late antique buildings can be seen in other contemporary ecclesiastical structures at Butrint. Inside the city, the fragmentary remains of mosaic pavements are reserved in two other 6th-century buildings, in the Great Basilica and in the church on the summit of the Acropolis. In the Great Basilica, the pavement with its framing ivy-trail and interlocking medallion chains must be contemporary with the Baptistery, both the work of a team of mosaicists from Nicopolis. On the floor of the Acropolis Basilica, the design of animals beneath an arcade of arches and columns,

Bazilika e akropolit, detaj i mozaikëve (vizatim i I. Epicoco; arkivi i familjes Taddei)

The Acropolis Basilica, detail of mosaic (painting by I. Epicoco; Taddei family archive)

Bazilika e fushës së Vrinës, pamje ajrore

The Vrina Plain Basilica, aerial view

medaljone që lidhen me njëri-tjetrin, e ruajtur vetëm në mënyrë fragmentare, duhet të jetë e njëkohshme me pagëzimoren dhe te dyja këto duhet të kenë qenë puna e një grupi mozaiçistësh nga Nikopoli. Dyshemeja e Bazilikës së akropolit, që paraqet figurat e disa kafshëve nën një portik me harqe dhe kolona dhe që ka si kornizë dy shirita me pelte dhe lule me katër petale, u shtrua, ndoshta, pak dekada më vonë.

Rreth 30 vjet më i lashtë se mozaiku i pagëzimores së Butrintit është mozaiku i mrekullueshëm i zbuluar kohët e fundit në Vrinë. Ky mozaik vesh të gjithë dyshemenë e nefit të bazilikës së zbuluar në fushën e Vrinës, në anën tjetër të kanalit të Vivarit. Në këtë nef dekorimi përbëhet nga një kompozim i vetëm me kornizë në tre anë, kurora lulesh, shirita dhe panele të ndryshëm. Fusha qendrore përbëhet nga një rrjetë tetëkëndëshash të çrregullt, të mbushur me shumë motive, përfshirë këtu krijesa detare, shpendë, kafshë, fruta, lule, pemë dhe motive abstrakte –Parajsa tokësore e krijuar nga Zoti. Sipër kësaj skeme gjenden dy tabela të mëdha (*tabulae ansatae*) me dy mbishkrime. Më i vogli ruhet më mirë dhe është i rrethuar nga

framed by bands of *peltae* and four-leafed rosettes, was laid probably a few decades later.

Predating the Baptistery mosaic by almost a generation is a spectacular pavement recently discovered extending throughout the nave and sanctuary of the basilica on the Vrina Plain, immediately across the Vivari Channel. In the nave the design is a single composition framed by three borders, wreaths, interlaced ribbons and panelled designs. The central field consists of a grid of irregular octagons, filled with a variety of motifs including sea-creatures, birds, animals, fruits, flowers, trees and abstract motifs – an earthly Paradise of God's creation. Superimposed on this scheme are two large tablets (*tabulae ansatae*) carrying inscriptions. The smaller and better-preserved of these texts is surrounded by a variety of fish, a crab, a lobster, shrimps, mushrooms, flowers and a stag, and reads: *In fulfilment of the vow (prayer) of those whose names God knows.* This anonymous dedication utilizes a widely used formula: a proud and very public demonstration of the benefactor's humility and an appeal to the omniscience of God in avoiding any vulgar reference

Bazilika e fushës së Vrinës, dysheme me mbishkrim

Vrina Plain basilica, pavement with inscription

Bazilika e fushës së Vrinës, dyshemeja me mozaik në zonën përreth altarit

shumë lloje peshqish, një gaforre, një arragostë, karkaleca deti, kërpudha, lule dhe një dre dhe shkruan: *si plotësim i lutjes së atyre personave emrat e të cilëve vetë Zoti i di*. Dedikuesi anonim përdor një formulë shumë të përhapur: një shfaqje publike e përulësisë së bamirësit dhe një lavdërim për gjithë-diturinë e Zotit duke evituar që të përmendë emrin e vet dhe identitetin e kësaj bote. Në krye të këtij nefi, mbi pragun e zonës më të shenjtë të kishës, një enë e madhe me vegja në formë S-je dhe një degë rrushi me bistakë paralajmëronin hyrjen në një hapësirë, përreth altarit, të dedikuar eukaristisë, në të njëjtën mënyrë si në imazhet e mëvonshme përballë vaskës në pagëzimore. Këtu pika më e rëndësishme në dysheme është një lule e kuqe që ka si kornizë një strukturë me hark dhe qeparisë me ngjyra të ndezura, përballë altarit. Këto lule, kafshët dhe simbolet abstrakte janë një variant më i hershëm i atyre të pagëzimores së Butrintit, dhe kapin e mbajnë vëmendjen e shikuesit në vlerën e tyre të dyfishtë,

Vrina Plain basilica, mosaic pavement in sanctuary around the altar

to a mundane name and identity. At the head of the nave, on the threshold to the sanctuary, a large vessel with curling S-shaped handles and a vine with grapes announce the eucharistic space around the altar, in a way anticipating the image in front of the font in the Baptistery. Here the focus of the floor is a red flower – possibly signifying martyrdom – framed by an arched structure and flanked by brightly coloured cypresses, immediately in front of the altar. This collection of flowers, animals and abstract symbols is a slightly earlier variant of the imagery of the pavement of the Baptistery, and catches and holds the attention of the viewer in its ambivalent balance between direct natural representation and symbolic reference.

The pavement of the Vrina Plain basilica dates to the end of the 5th or the first years of the 6th century AD (c. 475-510 AD). It exemplifies the magnificence of the elaborate large-scale mosaic

Bazilika e fushës së Vrinës, detaje të dyshemesë me mozaik të nefit

Vrina Plain basilica, details of the mosaic floor of the nave

edhe përfaqësime të drejtpërdrejta të natyrës edhe imazhe simbolike.

Dyshemeja e bazilikës së fushës së Vrinës datohet në fund të shekullit të pestë ose në vitet e para të shekullit të gjashtë (rreth viteve 475-510). Është një shembull i mirë i madhështisë së mozaikëve të ndërlikuar të kishave të mëdha dhe ndërtesave të tjera fetare në këtë fazë të fundit të lulëzimit të hierarkisë së krishterë të qytetit, ndërkohë që bota e Antikitetit të vonë rrëshqiste drejt epokës së errët. Këto mozaikë, kompozime të një larmie të madhe dhe shumë të ndërlikuara, habisnin qytetarët e shekullit të gjashtë më shumë se ç'na habisin ne sot. Në rastin e pagëzimores dyshemeja ishte edhe pika e vëmendjes kryesore të një prej hapësirave të mbyllura më të mëdha të rajonit.

compositions reserved for major churches and other ecclesiastical buildings in a final season of prosperity enjoyed by the Christian hierarchy of the city, as the late Roman world began to slide into the Dark Ages. Much as today, these mosaics must have struck the sixth-century citizens of Butrint as compositions of wonderful variety and curious complexity. In the case of the Baptistery, the floor was the entrancing visual focus of one of the most impressive interior spaces in the region.

Bazilika e fushës së Vrinës, detaj i dyshemesë me mozaik të nefit

Vrina Plain basilica, detail of the mosaic floor of the nave

Dyshemeja me mozaik e bazilikës së fushës së Vrinës

Vrina Plain basilica, mosaic pavement in the nave

Fjalorth

Bazilikë	kishë me dimensione të mëdha
Eukaristi (kungim)	riti i shenjtë i krishterë që lidh besimtarin me Zotin
Kapelë	vend kulti i krishterë, brenda një kishe apo edhe i pavarur
Kapitel	element arkitekturor që zbukuron pjesën e sipërme të kolonave
Krezmim	faza e dytë e hyrjes në bashkësinë e krishterë (pas pagëzimit), kur individi konfirmon vullnetin, dhe peshkopi konfirmon aktin e pagëzimit.
Kubikë	lat. *tessera/ae*, kubikët e vegjël të materialeve të ndryshëm që përdoren për formimin e mozaikut
Nef	hapësira qendrore në një kishë
Pagëzim	akti i parë i hyrjes në bashkësinë e krishterë, me anë të zhytjes / lagies me ujë, që simbolizon fundin e jetës së vjetër dhe hyrjen në një jetë të re
Pelta/ae	motiv dekorativ në formë gjysmë-hëne, që ka origjinën e tij në formën e mburojës së amazonave
Patron	është personi që kujdeset për mbarëvajtjen ose financimin e një çështje të caktuar.
Peshkop	është fetari i krishterë në krye të një dioqeze (zonë territoriale), pasardhës i apostujve

Glossary

Baptism	the ceremony of initiation into the Christian faith
Bishop	a senior Christian office-holder in charge of a particular region
Catechumen	a person receiving religious instruction prior to baptism
Chequerboard	an orthogonal grid pattern
Cruciform	in the shape of a cross
Eucharist	communion; Christian sacrament re-enacting the sacrifice of Christ by ritual consumption of consecrated bread and wine
Font	the container for the water used in baptism
Kantharos	a large two-handled vessel for wine
Liturgy (adj. liturgical)	the form of worship
Lozenge	a diamond-shaped figure
Nave	the central space in a church
Paradise	the perfect garden of creation and the state of happiness attained after death
Pelta (pl. *peltae*)	the form of a half-moon shaped shield used in antiquity
Polychrome	many-coloured
Sacrament	a Christian rite which brings grace to the participants
Sacristy	a room in a Christian church for vestments and sacred objects
Sanctuary	a room in a Christian church for vestments and sacred objects
Spandrel	the inner screened space in a church in which the altar is located
Tessera (pl. tesserae)	a small square of stone, brick or glass used to make a mosaic

Bibliografi e zgjedhur
Select Bibliography

Bowden, W. and Mitchell, J. (2004) The Christian topography of Butrint. In R. Hodges, W. Bowden and K. Lako (eds.), *Byzantine Butrint: Excavations and Surveys 1994-99*: 104-125. Oxbow Books, Oxford.

Bowden, W. and Përzhita, L. (2004) The Baptistery. In R. Hodges, W. Bowden and K. Lako (eds.), *Byzantine Butrint: Excavations and Surveys 1994-99*: 176-201. Oxbow Books, Oxford.

Greenslade, S., Hodges, R., Leppard, S. and Mitchell, J. (2006) Preliminary report on the early Christian basilica on the Vrina Plain, Albania. *Archeologia Medievale* 33: 397-408.

Kitzinger, E. (1951) Studies on late antique and early Byzantine floor mosaics. I. Mosaics at Nikopolis. *Dumbarton Oaks Papers* 6: 82-122.

Maguire, H. (1987) *Earth and Ocean: The Terrestrial World in Early Byzantine Art*. University Parka and London, The College Art Association of America and The Pennsylvania State University Press.

Meksi, A. (1983) Bazilika e madhe dhe baptisteri i Butrintit / La grande basilique et le baptistaire de Butrint. *Monumentet* 25: 47-75.

Mitchell, J. (2004) The mosaic pavements of the Baptistery. In R. Hodges, W. Bowden and K. Lako (eds.), *Byzantine Butrint: Excavations and Surveys 1994-99*: 202-218. Oxbow Books, Oxford.

Nallbani, H. (1979) Mozaiku i baptisterit të Butrintit: ndërtim i njëkohëshëm / La mosaïque du baptistère de Butrint: une construction simultanée. *Monumentet* 18: 57-64.

Ugolini, L.M. (1934) Il battistero di Butrinto. *Rivista di archeologia cristiana* 11: 265-283.

Van Dael, P. (1981) Purpose and function of decoration-schemes in early Christian baptisteries. In H.J. Auf der Maur, L. Bakker, A. van de Bunt and J.Waldram (eds.), *Fides Sacramenti Sacramentum Fidei: Studies in Honour of Pieter Smulders*: 113-135. Assen, Van Gorcum.

Wharton, A.J. (1987) Ritual and reconstructed meaning: The Neonian baptistery in Ravenna. *Art Bulletin* 69: 358-375.

Printed in Italy, March 2008